Urban Gardening für Anfänger

In 8 einfachen Schritten zum ersten nachhaltigen Balkongarten und eigenem Obst und Gemüse

Wiebke Bluhm

INHALT

Das erwartet Sie in diesem Buch

Dieser Ratgeber soll als Inspiration dienen, Ihnen eine Hilfestellung geben und gleichzeitig eine Anleitung dazu sein, endlich Ihr eigenes Gartenparadies in Ihrem Außenbereich entstehen zu lassen. Egal, ob auf der Terrasse oder dem Balkon, er beinhaltet die Grundlagen des Urban Gardening und stellt diese anschaulich dar. Der Ratgeber bietet außerdem Lösungsansätze für verschiedenste Probleme, die Ihnen in Ihrer Laufbahn hin zum Hobbygärtner sicherlich das ein oder andere Mal begegnen werden. Sie werden am Ende des Buches in der Lage dazu sein, diesen mit Ihrem erlernten Wissen den Kampf anzusagen und sie in Zukunft sogar gänzlich zu vermeiden.

Bereiten Ihnen mangelnder Platz und der Kostenfaktor beim Gedanken an Ihren Balkon oder Terrasse Sorgen, oder zweifeln Sie daran, dass Sie in der Lage dazu sind, Ihren Außenbereich erfolgreich zu bepflanzen? Dann sind Sie hier genau richtig!

Sie werden beispielsweise relativ zu Beginn merken, dass Platz nicht das bedeutendste Kriterium für einen Balkongarten ist und sich auch auf kleinstem Raum einzigartige und praktische Pflanzenwelten erschaffen lassen. Die Werkzeuge dazu werden Ihnen in diesem Buch in die Hand gelegt und neben Methoden zur Kostenminimierung finden Sie auch einige kreative und außergewöhnliche Gestaltungsideen.

Ihrer Kreativität sind also keine Grenzen gesetzt!

Die nachfolgenden Seiten enthalten neben einigen nützlichen Tipps und Ideen auch eine praxisbezogene Schritt-für-Schritt-Anleitung, mit deren Hilfe Sie das erlernte Wissen anwenden können.

Ganz vorne mit dabei ist unter anderem der Nachhaltigkeitsaspekt, der sich aus der Idee des Urban Gardening nicht mehr wegdenken lässt.

Dieser Ratgeber ist also ganz einfach für all diejenigen geeignet, die noch Anfänger auf dem Gebiet des Urban Gardening sind, denen jedoch bisher die Motivation, der Mut oder ganz simpel das Wissen gefehlt hat, anzufangen. Außerdem ist es ein Buch für diejenigen, die bereits versucht haben, ihren Außenbereich zu begrünen, jedoch aufgrund Unsicherheiten oder dem Fehlen einer Anleitung daran gescheitert sind. Um den Lesefluss nicht zu stören, wird im Folgenden nicht immer detailliert zwischen Balkon und Terrasse differenziert, jedoch an prägnanten Stellen im Buch darauf eingegangen. Das Konzept Balkongarten lässt sich allgemein eher auf die Terrasse übertragen, als andersherum.

Urban Gardening – Eine Definition

*U*rban Gardening beschreibt einfach erklärt, wie sich Stadtgebiete mit landwirtschaftlicher Flächennutzung auf kleinstem Raum vereinen lassen. Im Vordergrund steht dabei der Nachhaltigkeitsaspekt.

ENTWICKLUNG DES URBAN GARDENING UND SEINE GESELLSCHAFTLICHE BEDEUTUNG

Das Konzept des Urban Gardening ist in den letzten Jahrzehnten international zum Trend geworden. Nun beschäftigen sich Städteplaner weltweit notgedrungen mit diesem integrativen Lösungsansatz, der Natur in Städte einbinden soll. Dies soll nicht einfach nur geschehen, weil begrünte Städte laut Umfragen und Beobachtungen um einiges attraktiver wirken, sondern hauptsächlich, um den sich immer weiter ausdehnenden Stadtgebieten mit dichter Bebauung eine grüne Lunge zu ermöglichen.

Früher hatten Städte genügend Abstand zu anderen bebauten Gebieten und daher meist automatisch einen natürlichen sogenannten grünen Gürtel um sich herum, der die Luft in der Stadt selbst filtert und somit die Luftqualität erhöht. Durch zunehmende Bebauung auch im städtischen Umland, fehlen diese Grünflächen nun häufig oder stehen in keinem Größenverhältnis zu den urbanen Gebieten, die sie mit Luft versorgen sollen. Durch den voranschreitenden Klimawandel steigen außerdem die

Temperaturen immer weiter, sodass sich Städte in den Sommermonaten immer mehr erhitzen.

Experten gehen davon aus, dass aus den in Deutschland bisher durchschnittlich zehn extrem heißen Sommertagen pro Jahr, in ungefähr zehn Jahren dreißig werden. Die Luftzirkulation wird außerdem durch starke Bebauung gehemmt. Eine Lösung sieht man unter anderem in der Begrünung von Hauswänden und Bauwerken im Allgemeinen, in der Bepflanzung von Mauern, dem Errichten von Wasserläufen durch Straßen und dem Erbauen von Dachgärten. Wasser kühlt durch seine Verdunstung automatisch die Umgebung. Es konnte nachgewiesen werden, dass sich die Temperatur mitten in einer mit Pflanzen bedeckten Steinmauer teilweise um bis zu vier Grad Celsius von der Außentemperatur unterscheidet.

Die natürliche Lebensweise und besonders der Stoffwechsel der Pflanzen wirken sich allgemein kühlend auf die Umgebung aus, denn steigen die Temperaturen, verdunstet viel eingelagertes Wasser aus den Pflanzen, was zu eben genanntem Effekt führt. Um eine kontinuierliche Bewässerung der Pflanzen in der Stadt zu gewährleisten, werden

Methoden entwickelt, die mithilfe der Wasseraufnahme- und Speicherungsfunktion von Steinen eine flächendeckende Wasserversorgung auch an vertikalen Pflanzenwänden sicherstellen soll.

Der Begriff des Vertical Gardening ist ein wichtiger Bestandteil des Urban Gardening, denn er beschreibt die Begrünung von vertikalen Ebenen, also eine Einbindung sonst ungenutzter Flächen in die nachhaltige Stadtentwicklung.

Mittlerweile haben sich einige Unternehmen, die in Bürogebäuden angesiedelt sind, dazu entschieden, einen Stadtgarten auf dem Dach zu errichten oder stellen Konzepte für Selbstversorger-Projekte am Arbeitsplatz vor. Diese Methoden mögen für einige innovativ und neu klingen, sie sind jedoch mittlerweile essenziell, wenn wir in Zukunft weiter in Städten leben, arbeiten und vor allem eines: atmen wollen.

„Das ist wunderbar, doch was hat das mit meinem Balkon zu tun?" Mögen Sie sich an dieser Stelle wohl fragen. Indem Sie sich beispielsweise auf Ihrem Balkon einen kleinen Garten anlegen, können auch Sie dazu beitragen, die Stadt, in der Sie wohnen etwas mehr zu begrünen und sich eventuell sogar selbst mit dem Ertrag, beispielsweise eines Hochbeets, versorgen zu können. Angenommen, jeder Einwohner würde sein eigenes Gemüse auf dem Balkon anbauen, könnten in Zukunft Tonnen an CO_2 durch die Verringerung von Transportwegen eingespart werden.

Der Anbau von Nutzpflanzen ist also nicht nur auf Gärten mit großen Beeten beschränkt, sondern lässt sich auch wunderbar auf Ihrem Balkon umsetzen.

Was Pflanzen zum Leben brauchen

Dem einen oder anderen mag dieser Punkt sehr simpel erscheinen, doch ist das Thema in Bezug auf einen erfolgreichen Balkongarten durchaus etwas komplexer und umso wichtiger. In der Theorie brauchen die meisten Pflanzen zwar nur Wasser, Licht und einen guten Boden, um zu wachsen und zu gedeihen. Schlüsselt man diese Bestandteile jedoch auf, kann man sie in mehrere einzelne Stoffwechselkreisläufe unterteilen. Da ist zum einen das Licht, das die Pflanze braucht, um Photosynthese betreiben zu können.

Der grüne Blattfarbstoff Chlorophyll ist dafür unabdingbar. Die Pflanze zieht mithilfe des Sonnenlichts hauptsächlich Kohlendioxid aus der Luft, Wasser aus dem Boden und der Umgebung und schließlich auch wichtige Minerale wie Salze aus der Erde, und wandelt sie zusammen in Traubenzucker um. Dabei entsteht Sauerstoff, welcher eigentlich nur ein sogenanntes Abfallprodukt, für uns Lebewesen jedoch mehr als nützlich, ja sogar essentiell ist.

Die Wasseraufnahme erfolgt je nach Pflanzenart und Standort sowohl über die Wurzeln aus der Erde als auch aus der Luft in Form von Luftfeuchtigkeit, die für uns nicht sichtbar, für Pflanzen jedoch überlebenswichtig ist. Zu den wichtigsten Nährstoffen gehören neben Licht, Luft und Wasser unter anderem Stickstoff, Phosphor, Kalium, Kalzium, Magnesium und Schwefel. Diese Liste könnte man noch durch einige Spurenelemente ergänzen, wie beispielsweise Eisen, Zink und Kupfer. Jedoch benötigen Pflanzen diese nur in sehr geringen Mengen, welche in handelsüblichen und einigermaßen qualitativ hochwertigen Substraten ohnehin enthalten sind.

Eine Fehlversorgung mit verschiedenen Nährstoffen kann bei der Pflanze unterschiedlichste Probleme auslösen. Von einem Ungleichgewicht an Nährstoffen beginnend, bis hin zum Tod der Pflanze durch Über- oder Unterversorgung. Bei Pflanzen, die beispielsweise Früchte tragen, wird dadurch auch häufig eine Veränderung im Geschmack dieser bemerkbar. Wichtig hierbei: Der Nutzen der Nährstoffe steigt nicht proportional zu ihrer Menge.

Nutzpflanzen, wie zum Beispiel Kräuter, einzelne Gemüse- oder Obstpflanzen, werden in Bezug auf ihre Nährstoffaufnahme in verschiedene Kategorien unterteilt. Dazu zählen sogenannte Starkzehrer, Mittelzehrer und Schwachzehrer. Darauf wird in diesem Buch an einer anderen Stelle noch einmal näher eingegangen.

Da Sie nun einen Überblick darüber haben, was Pflanzen überhaupt benötigen, sind Sie bereit für das nächste Kapitel.

In 8 Schritten zum Urban Gardening

Von hier an werden Sie durch einen Plan geführt und lernen dabei in acht Unterkapiteln Step-by-Step alles, was Sie für Ihren eigenen Balkongarten benötigen.

DER RICHTIGE ZEITPUNKT

Haben Sie sich bei dem Gedanken an die Begrünung Ihres Balkons oder Ihrer Terrasse schon einmal gefragt, wann der beste Zeitpunkt ist, damit anzufangen? Schließlich wollen Sie möglichst alles richtig machen. Im Prinzip kann man jederzeit anfangen, sich zu informieren, sich Materialien zu beschaffen oder bereits einen groben Plan zu erstellen. Am erfolgversprechendsten ist es jedoch, den Übergang von Winter zu Frühling zu nutzen.

Sie werden bereits an der Natur in Ihrer Umgebung bemerken, wann sie sich auf neues Leben, Austreiben und Wachsen vorbereitet. Das liegt neben dem natürlichen Kreislauf der Natur vor allem am Anstieg der Temperatur und der erhöhten Menge an Licht. Es wird also wärmer, heller und vor allem eines – grüner! Da die meisten von uns zum Frühlingsbeginn ebenfalls sprichwörtlich zum Leben erweckt werden, lässt sich die vorhandene Motivation und Energie wunderbar in ein solches Projekt stecken, wie Sie es nun auch vorhaben.

> Tipp: Seien Sie geduldig! Ein nachhaltiger Balkongarten ist ein Prozess. Er lässt sich weder an einem einzigen Tag anlegen noch durch eine einmalige Pflegeaktion erhalten.

Der Frühlingsbeginn ist deshalb die beste Zeit mit Ihrem Garten anzufangen, weil Sie so zum einen eine möglichst lange Wachstumsperiode haben, generell also ein eher größeres Zeitfenster nutzen können, zum anderen, weil die Wachstumsbedingungen für einige Pflanzen bereits ideal sind. Selbstverständlich muss spezifisch auf jede einzelne Pflanze eingegangen werden, denn auch bei den einheimischen Pflanzen gibt es gravierende Unterschiede, was deren genaue Bedürfnisse betrifft.

So gibt es beispielsweise Pflanzen, die bereits in frostigen Zeiten ausgesetzt werden können. Andere hingegen sind wärmeliebend und brauchen am besten den ganzen Tag Sonnenlicht. Sie können beispielsweise beim Pflanzen von Kräutern quasi das ganze Jahr über beginnen. Sollte jedoch der Plan sein, sie draußen zu platzieren, lohnt es sich auch hier, einen bestimmten Zeitpunkt, eine gewisse Größe und die passende Außentemperatur abzuwarten.

KONZEPTION

Ein nicht zu unterschätzender Schritt auf Ihrem Weg hin zum Balkongarten ist es, ein ausgereiftes Konzept zu entwickeln, um das volle Potential Ihres Außenbereichs auszuschöpfen. Machen Sie sich also Notizen, fertigen Sie Skizzen an und denken Sie sich zuerst einen groben Plan und anschließend ein detailliertes Konzept aus.

Der grobe Plan sollte folgende Fragen beantworten können: Welche Art von Pflanzen möchte ich gerne auf meinem Balkon haben? Sollen es nur ertragreiche Pflanzen sein oder finde ich auch Zierpflanzen schön? Habe ich bereits Arbeitsmaterialien, wie zum Beispiel Töpfe, Blumenkübel oder sogar Saatgut, zu Hause und möchte ich dieses miteinbringen?

Für das genaue Konzept schnappen Sie sich am besten einen Block und einen Stift, zeichnen sich Ihren Balkon maßstabsgetreu nach und tragen alle geplanten Vorhaben dort ein. Dabei soll kein Kunstwerk entstehen, sondern in erster Linie der Nutzen im Vordergrund stehen. Sie selbst sollten also mit der Skizze zurechtkommen.

Starten Sie dann am besten mit einer Ortsbegehung.

Wahrscheinlich denken Sie, Sie kennen Ihren Balkon oder Ihre Terrasse bereits in- und auswendig. Trotzdem kann es zu einem realistischeren Ergebnis führen, sich die Gedanken an Ort und Stelle zu machen und ein Gefühl dafür zu entwickeln, welche Ausgangslage Ihr Außenbereich mit sich bringt. Nutzen Sie hierbei auch gerne die Gelegenheit für einen kleinen Frühjahresputz im Außenbereich. Das kann motivieren und Klarheit schaffen.

Um sich über diesen Ratgeber hinaus von Ideen inspirieren zu lassen, kann es hilfreich sein, sich im Internet einen ersten Überblick zu verschaffen, was mit einigen Tricks und Tipps heutzutage alles möglich ist. Holen Sie sich gerne Inspiration auf Internetportalen wie zum Beispiel Pinterest oder verschiedenen Blogeinträgen echter Profigärtner. Suchen Sie nach Hashtags und Schlagwörtern, um Ihre Ideen auf klare Bilder zu projizieren, und speichern Sie sich gegebenenfalls diese Beispiele, um später darauf zurückgreifen zu können.

Erreichbare Ziele setzen
Für einen kontinuierlichen Erfolg ist es wichtig, sich von Beginn an Ziele zu setzen. Im besten Fall sind diese auch erreichbar. Diese und auch kleinere Er-

folge wie beispielsweise Meilensteine helfen nämlich dabei, ständige Freude am Projekt Balkongarten zu erfahren und nicht bereits vor der ersten
Hürde zu stoppen oder gar zu kapitulieren.

Ein No-Go ist zum Beispiel, fest davon auszuge-
hen, dass bereits im ersten Jahr jede Pflanze Früchte tragen wird oder das Kräuterbeet von A wie Anis
bis hin zu Z wie Zitronenverbene reicht. Sollte dies
nämlich dann einmal nicht der Fall sein, führt die
Enttäuschung darüber schnell zu Frustration, die
Sie jedoch absolut nicht gebrauchen können. For-
mulieren Sie diese Ziele und notieren Sie sie, wenn
möglich, auch irgendwo, damit Sie später erfolgreich darauf zurückblicken können.

Mögliche Ziele für Anfänger können beispielsweise
solche sein: „Im Sommer einen Kräuterquark aus
meinen eigenen Kräutern herstellen"; „Ich möchte
meinen Balkon optisch verschönern, sodass ich
dort Urlaubsfeeling empfinde"; „Diese eine kahle
Wand soll nicht länger ungenutzt bleiben, ich werde
es schaffen, sie zu begrünen"; oder „Ich würde mich
freuen, auf meinem Balkon Schmetterlinge, Bienen
und andere Insekten zu beobachten und möchte
deshalb ein Insektenhotel selbst bauen".

Generell kann das Ernten eigens angebauter Früchte bereits ein eigenständiges Ziel sein, denn schließlich können Sie stolz auf sich sein, wenn auf Ihrem Balkon durch Eigenleistung etwas wächst und gedeiht!

Tipp: Führen Sie eine Art Gartenkalender. Dies kann ein umfunktionierter gewöhnlicher Wochenplaner sein, in den Sie alle wichtigen Zeiten eintragen, wann zum Beispiel die Kräuter keimen sollen, wann welche Pflanze gedüngt wird, ... Außerdem können Sie den Gießrhytmus auf bestimmte Wochentage festlegen, um regelmäßig daran zu denken.

Sorgfältig planen

Zur sorgfältigen Planung gehört neben dem Positionieren von Hardware zur Gartennutzung auch ein Bewusstsein dafür, welche Pflanzen sich besonders gut vertragen, welche nicht und welche wiederrum echte Synergieeffekte aufeinander haben können. Denn entgegen dem weitverbreiteten Denken, man könne alle Pflanzen beliebig zusammen in ein Beet stecken, sind nicht nur wir Menschen, sondern auch Pflanzen sehr wählerisch und penibel bei der Wahl unserer direkten Nachbarn. Wichtig ist es hierbei vor allem, die Fruchtfolge einzuhalten und die verwendete Erde nachhaltig zu nutzen, indem auf Monokultur verzichtet und dabei Wert auf Mischkultur gelegt wird. Diese Begriffe und die Intention dahinter werden in einem späteren Kapitel näher unter die Lupe genommen und erläutert.

Weiß man nun ungefähr, welche Pflanzen man sich gern zulegen oder anbauen möchte, kann beispielsweise mit einer Budgetplanung begonnen werden. So haben Sie Ihre Ausgaben in Bezug auf das Hobbygärtnern im Blick und können vorab kalkulieren, wie viel Sie investieren möchten. Denn wie fast bei allem gibt es nach oben hin keine Grenze. Auch wenn Sie über keine Budgetgrenze verfügen, kann dies eine Hilfe sein, sich einen Überblick zu verschaffen und um sich am Ende dann eventuell etwas Zusätzliches zu gönnen, wie etwa Dekorationsgegenstände oder neues Equipment im Allgemeinen.

Raumwunder Balkon

Wie bereits in der Einleitung kurz erwähnt wurde, sind Ihrer Kreativität gerade an dieser Stelle keine Grenzen gesetzt. Sie werden merken, dass viel mehr auf Ihren Balkon passt, wenn Sie erst einmal dreidimensional denken. Beziehen Sie in Ihre Planung alle Seiten des verfügbaren Raumes mit ein, ja, auch die Wände und die gegebenenfalls vorhandene Decke. Im Fall einer Terrasse ist diese mit großer Wahrscheinlichkeit (teilweise) überdacht und bringt so eine weitere physische Gestaltungsebene mit. Auch ohne den Balkon baulich zu verändern, lassen sich einige Elemente perfekt integrieren. Nun werden einige Beispiele hierfür genannt und erläutert.

Die erste Möglichkeit besteht darin, die Wände in die Gestaltung miteinzubeziehen. Erinnern Sie sich an den Begriff des Vertical Gardenings aus der Einleitung. Neben dem Platzsparen und einer möglichst effizienten Nutzung des vorhandenen Raumes hat Vertical Gardening je nach Ausrichtung außerdem den Vorteil, dass kaum Gießwasser verschwendet wird. Stellen Sie sich beispielsweise eine Holzkonstruktion vor, in der viele kleinere Blumenkästen kreuz und quer übereinander hängen. Fängt man an der richtigen Stelle an zu gießen, nämlich ganz oben, kann überschüssiges Wasser aus den bereits gegossenen Töpfen wieder ausscheiden und tropft automatisch auf die darunterliegenden Pflanzen. Die zweite Möglichkeit besteht in der Nutzung von Tischen. Indem Sie einen Pflanztisch oder eben einen herkömmlichen umfunktionierten Tisch auf dem Balkon platzieren, schaffen Sie automatisch zwei Ebenen für Stauraum. Zum einen auf der Oberfläche und zum anderen unter dem Tisch. Dort können entweder Utensilien und Materialien verstaut werden, oder aber Sie nutzen den Platz, um halbschattige Pflanzen dort zu platzieren, denn je nachdem wie die Sonne steht, bekommen sie trotzdem noch genügend Sonnenlicht ab und haben einen perfekt geschützten Standort.

Ein weiteres Element des Balkons, welches nicht unterschätzt werden sollte, ist sein Geländer. Je nach Bauart des Hauses unterscheiden sich die Varianten zwar stark, jedoch haben die meisten eines gemeinsam: Es lassen sich eine Menge Gegenstände daran befestigen. Zum einen ist es möglich, sowohl nach innen als auch nach außen gerichtete Blumenkästen daran zu befestigen, deren üppige Bepflanzung nach außen hin imponieren wird. Neben Blumenkästen gibt es noch weitere Konstruktionen, wie beispielsweise Halterungen, die sich an der Geländerinnenseite befestigen lassen. Dort können dann weitere Blumentöpfe abgestellt werden. Des Weiteren können Sie sich beispielsweise dazu entscheiden, eine oder mehrere Kletterpflanzen am Geländer entlang wachsen zu lassen. So entsteht bei Gitterstäben ein praktischer und dekorativer Sichtschutz. Pflanztaschen eignen sich ebenfalls dazu, sie am Geländer zu befestigen. Haben Sie nach unten und zur Seite hin keine Einschränkungen was Nachbarn und etwaige Sichtbehinderung betrifft, ist es eine gute Idee, üppige Pflanzen mit einem prachtvollen Blütenkleid, wie zum Beispiel den Blauregen, anzupflanzen und nach außen hin wachsen zu lassen.

Neben den Balkonwänden sollten Sie auch die Decke als Gestaltungsraum miteinbeziehen, denn diese bleibt bis auf eine Lampe häufig ungenutzt und ist somit verschwendeter Raum. Da die meisten Decken häufig die Unterseite des Nachbarbalkons sind, gestaltet sich das häufig schwierig, jedoch gibt es auch hierfür kreative Lösungen. Beispielsweise kann oberhalb des Türrahmens Ihrer Balkontür rechts und links jeweils ein hoher Bogen hin zum Geländer gespannt werden, die durch

Sprossen, ähnlich wie eine Leiter miteinander verbunden sind.

Diese Konstruktion sollte stabil, jedoch nicht zu schwer sein, damit sie etwaigen Windböen und starkem Regen standhält. Diese Art Ranke über Ihren Köpfen kann anschließend zum Beispiel mit Efeu oder Wein bepflanzt werden, bietet Ihnen im Sommer Schatten und eine ganz besondere Atmosphäre wie in einem Urban Jungle. Zur Dekoration können außerdem Lichterketten oder andere Leuchtmittel daran befestigt werden. Sie sind selbstverständlich dazu angehalten, selbst kreativ zu werden und solche Konzepte zu erweitern oder speziell auf Ihren Balkon anzupassen. Toben Sie sich aus und machen Sie dadurch jeden Quadratzentimeter auf Ihrem Balkon zu etwas ganz Besonderem!

Tipp: Achten Sie unbedingt darauf, dass die Regen-/Abwasserrinne um den Balkon stets frei und nicht etwa durch Laub, Moos oder sonstige Rückstände verstopft ist. So vermeiden Sie unangenehme Überschwemmungen des Nachbarbalkons unter Ihnen und außerdem aufwendige Reinigungsarbeiten.

DIE RICHTIGEN PFLANZEN WÄHLEN

Im Folgenden wird ein Überblick über verschiedenste in unseren Breitengraden heimische oder kultivierte Pflanzen präsentiert und erläutert. Es werden einige der bekanntesten Kräuter hinsichtlich ihrer Bedürfnisse und Präferenzen vorgestellt. Danach wird auf den Anbau von ein paar gängigen Gemüse- und Obstsorten eingegangen und zum Schluss stellen wir Ihnen einige Zierpflanzen vor, mit denen Sie Ihren Außenbereich nicht nur zum Nutzgarten machen, sondern diesen auch unterstützen, sowie den Balkon anschaulich schmücken können.

Kräuter

Viele Anfänger versuchen sich in ihren ersten Jahren zuerst an der Kräuterzucht. Zurecht – denn dort scheint der Aufwand am geringsten und der Ertrag relativ hoch zu sein. Außerdem fordern die meisten Kräuter nicht allzu großen Raum und Verluste sind im Fall von Pflegefehlern leichter wegzustecken. Doch auch beim Pflanzen von Kräutern gibt es bedeutende Unterschiede. Die geläufigsten Kräuter werden nun kurz genannt und beschrieben.

Pfefferminze: Ein weitverbreitetes und beliebtes Kraut in jeglichen Gerichten und Getränken. Enthält Bitterstoffe und ätherische Öle. Aussaat: März-April, Ernte: Mai-September, Standort: halbschattig, Boden: feucht und nährstoffreich.

Basilikum: Ein großer Bestandteil der italienischen Küche und weltweit bekanntes Heilkraut. Aussaat: März-April, Ernte: Mai, Standort: sonnig, Boden: nährstoffreich und durchlässig. Den Basilikum immer nur mäßig gießen, denn Staunässe verträgt er gar nicht.

Schnittlauch: Ein allseits beliebtes Küchenkraut mit zahlreichen nützlichen Inhaltsstoffen wie ätherischen Ölen, Kalium und Magnesium. Aussaat: Februar-März, Ernte: Mai-September, Standort: sonnig bis halbschattig, Boden: lehmig-sandig mit mäßiger Feuchtigkeit.

Petersilie: Man kann zwischen verschiedenen Sorten wählen. Es gibt zum Beispiel die krause oder glatte Petersilie. Aussaat: Oktober-Mai, Ernte: ganzjährig möglich, Standort: sonnig bis halbschattig, Boden: humusreich, nährstoffreich, leicht kalkhaltig.

Bärlauch: Wird auch als Waldknoblauch bezeichnet und ist ein Wildkraut. Sehr aromatisch aufgrund seines knoblauchartigen Aromas. Aussaat: September-Oktober, Ernte: März-Juni, Standort: schattig, Boden: nährstoffreich und feucht.

Dill: Feines Heilkraut, welches umgangssprachlich auch als Gurkenkraut bezeichnet wird. Enthält Calcium und ätherische Öle. Aussaat: April-Mai, Ernte: Juni-September, Standort: sonnig und windgeschützt, Boden: durchlässig und humos.

Rosmarin: Wird vor allem in der mediterranen Küche verwendet. Aussaat: von März bis April Standort: voll sonnig, Boden: eher sandige, trockene und nährstoffarme Böden.

Thymian: Vielseitiges Gewürzkraut mit antibakterieller und entzündungshemmender Wirkung mit Anwendung vor allem in der mediterranen Küche. Aussaat: April-Juni, Ernte: Mai-Oktober, Standort: sonnig, Boden: sandig, eher karg.

Oregano: Findet hauptsächlich in der mediterranen Küche Verwendung. Eher würziger Geschmack. Enthält neben ätherischen Ölen auch Phenolsäuren und Gerbstoffe. Aussaat: April-Mai, Ernte: ganzjährig möglich, Standort: sonnig und warm, Boden: nährstoffarm und eher trocken.

Lavendel: Ist vor allem als Heilkraut bekannt. Trägt lilafarbene Blüten und ist als Mittel gegen Migräne aber auch Schlaflosigkeit weit verbreitet. Aussaat: Februar-März, Ernte: Juni-September, Standort: sonnig bis vollsonnig, Boden: nährstoffarm, eher trocken und sandig.

Zitronenmelisse: Ihr Name verrät bereits ihr süßliches Aroma. Zitronenmelisse hat eine beruhigende Wirkung auf uns Menschen und lindert Magenbeschwerden. Aussaat: Ende April-Mai, Ernte: Juni-September, Standort: sonnig bis vollsonnig, Boden: locker und humos.

Majoran: Ist nah mit dem Oregano verwandt und ist bekannt für seine einfache Haltung in Gärten und auf Balkonen. Aussaat: Mai-Juni, Ernte: Juni-September (vor der Blüte), Standort: sonnig, Boden: locker und humos.

Fenchel: Ein sehr vielseitiges Kraut, denn seine Knollen eignen sich als eigenes Gemüse, wohingegen die Samen als Gewürz zu Fischgerichten und Eintöpfen genutzt wird. Fenchel ist auch als Tee genießbar und hat eine heilende Wirkung bei Husten. Aussaat: Mai-Juli, Ernte: je nach Art des Anbau,

Standort: sonnig, Boden: nährstoffreich, durchlässig und tiefgründig.

Koriander: Enthält neben ätherischen Ölen auch Carotinoide und wird häufig als Heilkraut eingesetzt. Gleichermaßen jedoch auch in der Küche. Aussaat: März bis April, Ernte: je nach Zeitpunkt vor oder nach der Blüte, Standort: sonnig bis halbschattig, windgeschützt, Boden: nährstoffreich und locker.

Kümmel: Findet vielseitige Verwendung in der Küche, zum Beispiel zum Backen, als Tee oder zur Herstellung von Kümmelöl. Trägt einen unverwechselbar prägnanten Geschmack. Aussaat: Ende März-Ende April, Ernte: Juli, Standort: sonnig bis halbschattig, Boden: nährstoffreich, lehmig und eher schwer.

Obst und Gemüse

Hier kommt es besonders auf die Lage des Balkons an. Ist er südlich ausgerichtet, herrschen wahrscheinlich ideale Bedingungen für wärme- und sonnenliebende Gemüsepflanzen wie beispielsweise Tomaten, Zucchini oder Chilis. Mangold, Rote Beete, Feldsalat, Spinat, Blattsalat, Buschbohnen, Kohlrabi, Brokkoli und Radieschen hingegen kommen auch mit einer geringeren Anzahl an Sonnenstunden pro Tag aus. Ein Vorteil des Balkons zum Garten oder Acker ist seine meist windgeschützte Lage und teilweise Überdachung. Es wird empfohlen, einige Gemüsesorten vor dem Aussetzen bereits in Innenräumen zu kultivieren, damit die Pflanzen bereits eine gewisse Stärke entwickeln können. Im Kapitel Mischkulturen und Fruchtfolge werden einige Hinweise zur Kombination von bestimmten Gemüsesorten im Anbau näher erläutert.

Auch Obst, wie beispielsweise Erdbeeren oder Himbeeren, lässt sich auf Ihrem Balkon anbauen.

Erdbeeren zum Beispiel finden ihren Platz häufig in langen Blumenkästen, in denen sie in Reihen gepflanzt sind, wie man es vom Erdbeerfeld kennt. Indem man sich für sogenannte immertragende Erdbeersorten entscheidet, kann man die Erdbeersaison auf seinem Balkon immerhin bis Oktober verlängern. Hält man sie auf dem Balkon im Topf oder in einem Blumenkasten, ist es von Vorteil, die Kübelerde mit etwas Sand und einer Drainageschicht aus Blähton oder Tonscherben zu verwenden, damit Staunässe vermieden und die Erde trotzdem feucht gehalten wird. Beim Mischen der Erde sollte anfangs direkt etwas organischer Dünger hinzugegeben werden, Erdbeeren fühlen sich nämlich in feuchter Erde deutlich wohler, weshalb es ratsam ist, auf der Erde eine Schicht Stroh zu verteilen, das sich mit Wasser vollsaugt und die Erdoberfläche stets feucht hält. Dies genügt jedoch ab dem Zeitpunkt, wenn die Pflanze ihre ersten Früchte trägt. Dieser Vorgang nennt sich Mulchen.

Nach der Ernte, spätestens jedoch Ende August sollten die Erdbeerpflanzen zurückgeschnitten werden. Hierzu werden die Blätter um die Pflanze herum einfach mit einer Schere abgeschnitten, ohne dabei zu viel vom Kern der Pflanze zu entfernen. Erdbeerpflanzen tragen etwa drei Jahre lang jeden Frühsommer bis Sommer ihre aromatischen Früchte, bevor sie nach diesem ungefähren Zeitraum kaum noch Früchte ausbringen und dann ausgetauscht werden sollten.

Tipp: Um neue Erdbeerpflanzen zu gewinnen, können aus den alten Pflanzen Ableger gemacht und eingepflanzt werden. So sparen Sie etwas Zeit und Geld.

Himbeeren hingegen benötigen etwas mehr Platz, sie sind daher eher für etwas geräumigere Balkone geeignet. Eine Südlage ist außerdem von Vorteil, da sie Sonne lieben und in der Wärme am besten gedeihen. Um einen Himbeerstrauch erfolgreich auf dem Balkon zu halten, benötigt man einen ausreichend großen und schweren Kübel, der die Masse und das Gewicht des ausgewachsenen Strauchs tragen kann.

Auf einen guten Wasserablauf muss geachtet werden, da Himbeersträucher Staunässe nicht vertragen. Bevor man sich dazu entscheidet, Himbeeren auf dem Balkon zu halten, sollte man sich jedoch vorab Gedanken über einen alternativen Platz zur Überbrückung im Winter machen, denn im Kübel sind die Wurzeln der Sträucher meist stärkerem Frost ausgesetzt, was sie nicht in jedem Fall vertragen. Der Strauch an sich kann jedoch bereits nach dem Herbst zurückgeschnitten werden, so nimmt er in seinem Winterquartier nicht allzu viel Platz ein.

Ein Tipp an dieser Stelle: Wenn Sie sich für Himbeeren entscheiden, schaffen Sie sich eher einen Strauch an, der im Herbst Früchte trägt, denn diese wachsen nicht ganz so hoch und sind dadurch etwas handlicher in der Pflege. Außerdem ist bei dieser Sorte die Möglichkeit ausgeschlossen, dass sich der Himbeerkäfer in den Blüten der Pflanze einnistet, somit sind wurmfreie Himbeeren garantiert.

Das Hauptargument, **Tomaten** auf dem eigenen Balkon anzubauen, liegt ganz klar im Geschmack, denn selbst gezüchtetes Gemüse ist oft viel aromatischer als diejenigen aus dem Supermarkt. Beim Anbau von Tomaten gilt das Motto „Ab in den Süden". Die wasserreichen Früchte wachsen üblicherweise in heißen Klimazonen und gedeihen am besten in sonnigen Lagen. Perfekt also für einen Südbalkon.

Für die Zucht auf dem Balkon geeignet sind sowohl Cherrytomaten als auch die großen Tomaten, solange sie ausreichend Platz haben. Demnach benötigen die Tomatenpflanzen einen Kübel von mindestens 15 Litern Volumen. In einen größeren Kübel können ohne Probleme zwei Pflanzen gleichzeitig gepflanzt werden.

Tomaten brauchen viele Nährstoffe, weshalb die Erde, in der sie wachsen, nährstoffreich und am besten mit Kompost oder Blähton angereichert sein sollte. Damit ein funktionierender Wasserablauf garantiert ist, kann das Loch im Boden des Kübels mit einigen Tonscherben abgedeckt werden, denn Staunässe vertragen die Pflanzen überhaupt nicht. Tomaten sind ein Beispiel für jene Pflanzen, die lieber im Innenbereich vorgezogen und dann bei völliger Frostfreiheit Ende Mai nach außen gestellt werden sollten, denn sie sind Frost gegenüber sehr empfindlich und so kann es passieren, dass die Pflanze weder blüht noch Früchte trägt.

Pflegt man große Tomatenpflanzen auf dem heimischen Balkon, so ist es ratsam, sie regelmäßig in ihrer Wachstumsphase auszudünnen. Dieser Vorgang wird auch Ausgeizen genannt. Dabei werden Triebe, die seitlich wachsen, entfernt. Dies kann ruhig einmal in der Woche geschehen, denn so soll erreicht werden, dass die Pflanze hoch wächst, anstatt in die Breite und ihre Energie voll und ganz in das Ausbilden der aromatischen Früchte stecken kann. Bei Cherry- und auch bei Strauchtomaten ist dieser Vorgang aufgrund der kleinen Größe der Früchte nicht notwendig.

Durch den Standort im Hellen und Warmen benötigen Tomaten dementsprechend viel Wasser. An besonders heißen Tagen kann es sogar notwendig sein, die Pflanze zweimal zu gießen, damit die Erde immer angefeuchtet bleibt. Da Tomaten sogenannte Starkzehrer sind, benötigen sie zusätzlich zum Gießwasser regelmäßig Dünger. In der Regel sind Tomatenpflanzen zweijährig, was bedeutet, dass sie an einem relativ warmen Ort überwintern können, jedoch wird die Ernte im darauffolgenden Jahr deutlich geringer ausfallen, weshalb es sich lohnt, abzuwägen und eventuell direkt anderen Pflanzen eine Chance zu geben.

Ein anderes beliebtes Gemüse sind **Gurken**. Was Standort und die Aussaat betrifft, ähneln sie den Tomaten sehr, doch sonst haben beide Gemüse wenig gemeinsam. Gurken lieben einen vollsonnigen Standort. Aufgrund ihrer Vorliebe für lockeren, humosen und nährstoffreichen Boden empfiehlt sich hier ein Anbau im Hochbeet.

Dort könnten die Samen ab Mitte Mai, also nach dem letzten Frost, direkt eingesät werden. Empfehlenswert ist hierbei jedoch ein Vorziehen der Gurkensamen im Innenraum wie beispielsweise auf einer Fensterbank. Dies ist bereits ab April möglich.

Zwischen den einzelnen Gurkenpflanzen sollten Sie einen Abstand von mindestens 20 Zentimetern wahren, da sich die Pflanze eher flach kriechend ausbreitet. Der Anbau im Balkon-Hochbeet bringt einen Vorteil mit sich, denn Gurken mögen es in einer eher warmen Erde zu wurzeln, welche eine von vielen Eigenschaften eines Hochbeets ist. Generell mögen es Gurken warm, weshalb auch das Gießwasser eher Zimmertemperatur haben sollte. So vermeiden Sie einen bitteren Geschmack der späteren Erzeugnisse. Es gibt auch bei Gurken verschiedene Varianten. So eignen sich Minigurken sicher mehr bei einem Hochbeet von kleinerem Ausmaß.

Eine weitere Gemüsesorte, die in keiner Küche fehlen darf, ist die **Kartoffel**. Ein sehr nahrhaftes und vollwertiges Gemüse, das vielseitig verwendbar und kombinierbar ist. Eine Sorte, die sich besonders für den Anbau auf dem Balkon eignet, ist die Frühkartoffel. Für sie wird ebenfalls ein Keimen im Innenraum empfohlen.

Legen Sie dazu einfach einige der Knollen in eine flache Kiste oder sogar in einen offenen Eierkarton und platzieren Sie sie an einem hellen aber kühlen Standort bei bis zu 15°C. Drehen Sie dabei die Stelle jeder einzelnen Kartoffel nach oben, die die meisten Augen aufweist.

Das sind die dunkel verfärbten Punkte auf der Schale. In etwa zwei bis vier Wochen sollten alle Kartoffeln ausreichend gekeimt sein und bereit dazu, in die Erde umzuziehen. Dazu benötigen Sie einen großen Topf von etwa 40 Zentimetern Höhe und einem ungefähren Durchmesser von 30 Zentimetern. Doch zu Beginn wird der Topf lediglich mit 10 Zentimetern Erde befüllt und dann bei genannter Topfgröße maximal zwei der gekeimten Knollen dort hineingebettet. Anschließend wird noch eine Schicht Erde darüber gestreut, bis die Knollen ausreichend bedeckt sind.

Bilden die Pflanzen bald etwa 15 Zentimeter lange grüne Triebe aus, sollten Sie mit dem sogenannten Anhäufeln beginnen. Dieser Prozess beschreibt das systematische Auffüllen des Topfes im Einklang mit dem Wachstum der Kartoffelpflanze. Dabei sollte immer ein leichter Hügel über der austreibenden Knolle entstehen. Dieser Vorgang kann einige Male wiederholt werden, sodass die Knollen stets bedeckt bleiben. Andernfalls würden sie sich hellgrün verfärben und ungenießbar werden.

Im Prinzip spricht nichts dagegen, den Topf bereits im April nach draußen zu stellen, sollte jedoch noch einmal Frost drohen, obwohl die Pflanze schon ausgetrieben hat, kann er kurzfristig nochmal ins Warme gestellt werden. Sie merken etwa drei Monate nach Ansetzen der Kartoffeln, dass das Kartoffelkraut, welches aus der Erde ragt, langsam verwelkt und sich verfärbt. Warten Sie von diesem Zeitpunkt an besser noch zwei Wochen, bis Sie die Erdäpfel ernten.

Tipp: Merken Sie sich, dass Kartoffeln lieber etwas länger in der Erde liegen sollten, als zu früh geerntet werden, denn je länger sie vergraben sind, umso härter wird ihre Schale. Kartoffeln mit einer länger ausgereiften Schale sind nämlich tendenziell länger lagerfähig und es schadet ihnen ohnehin nicht, unter der Erde zu verweilen.

Verwenden Sie hierzu am besten eine sogenannte Grabegabel. Sie entfernt die Knollen schonend aus der Erde. Um als Anfänger ein Gefühl dafür zu bekommen, wann exakt die Kartoffeln erntereif sind und wie sich die Knollen entwickeln, eignen sich sogenannte Kartoffeltöpfe. Sie sind nach einem Prinzip gefertigt, das erlaubt, einen inneren Topf mit einer speziellen Öffnung aus einem äußeren zur Verdunklung vorgesehenen Topf herauszunehmen und so direkt auf die Knollen in der Erde blicken zu können. Diese Töpfe gibt es auch vertikal orientiert und übereinander gestapelt. Diese bieten eine platzsparende Lösung für kleine Balkone.

Zierpflanzen
Doch nicht nur Pflanzen, die Früchte tragen, können Ihren Balkon oder Ihre Terrasse nachhaltig begrünen und damit verschönern. Es gibt ebenfalls eine riesige Auswahl an Zierpflanzen, die sich prima im urbanen Außenbereich halten lassen und manchmal sogar noch weitere Vorteile mit sich bringen können.

Zum Beispiel die Gruppe der **Palmen**. Sie erinnern an exotische Strände und lösen bei vielen von uns wahres Urlaubsfeeling aus. Palmen haben mitunter eine für uns nützliche Eigenschaft, denn befindet sich Ihr Balkon zur Südseite gelegen und Sie haben keine Möglichkeit durch etwaige Abdeckungen, wie zum Beispiel eine Markise, die pralle Mittagssonne von Ihren Pflanzen abzuwenden, kann eine Palme ein echter Schattenspender sein. Die meisten Palmen suchen Sonne satt und fühlen sich in der Hitze pudelwohl. Indem Sie die Palme so positionieren, dass sie Schatten auf andere Pflanzen wirft, helfen Sie damit der Palme und gleichzeitig haben Sie einen natürlichen Sonnenschutz integriert.

Zwei der bekanntesten Palmenarten für den heimischen Balkon ist zum einen die Kanarische Dattelpalme, auch Phönixpalme genannt. Zum anderen gibt es die Chinesische Hanfpalme. Im Aussehen ähneln sich beide etwas, wobei die Baumkrone der Chinesischen Hanfpalme eher einem längeren Stamm folgt. Gegossen werden sie immer dann, wenn die Erde komplett trocken zu sein scheint, denn wie viele andere Pflanzenarten vertragen auch Palmen keine Staunässe.

Ihr Wasserbedarf ist jedoch generell eher hoch. Beide Palmen stehen gerne in der Sonne und sich praktischerweise bis zu einem gewissen Grad frostfest. Hier gilt eine simple Regel. Ist der Kübel, in dem sich die Palme befindet nach außen hin wärmeisoliert oder abgedeckt, hält sie deutlich kühlere

Temperaturen aus. Beim Überwintern der Palmen sollte man jedoch beachten, dass wenn man sie aufgrund längerer Frostperioden oder einer alpinen Wohnlage doch in Innenräumen überwintert, der Standort 20° Celsius nicht übersteigt. Am besten geeignet ist dafür also eine Garage, die im Optimalfall über ein Fenster verfügt, um der Pflanze den Zugang zum Licht zu gewähren.

Weinreben, die sich entlang eines Geländers oder einer Ranke winden, können eine dekorative und ebenfalls schattenspendende Funktion haben. Außerdem dienen sie unter anderem auch als Sichtschutz. Wie auch die Palmen sind Weinreben ausschließlich für sonnige Standorte geeignet. Im Frühjahr in einen großen Kübel aus Lehm, Torf, Sand und Kompost inklusive einer Drainageschicht gepflanzt, ranken sie sich schon bald über Ihren Balkon und bringen Ihnen nach etwa drei Jahren die ersten Trauben. Alternativ kann auch herkömmliche Kübelerde verwendet werden. Die eben genannte Mischung ist lediglich der Idealfall und bietet beste Bedingungen für eine gesunde Nährstoffaufnahme und einen geregelten Wasserhaushalt. Gedüngt werden, sollte alle drei bis vier Wochen mit organischem Dünger. Weinreben benötigen zu Beginn und vor allem dann, wenn ihre Stränge schwerer werden, sogenannte Rankhilfen. Es kann anfangs reichen, eine solche Kletterhilfe für die Pflanze an der Wand zu befestigen und sie daran hochwachsen zu lassen. Alternativ kann auch über eine horizontale Rankhilfe in der Luft nachgedacht werden. So würde man den Balkon oder die Terrasse dann sogar mit dem Wein überdachen. Sie können den Wein auch am Geländer entlang oder um die Balkontür herum wachsen lassen, wie es Ihnen am besten gefällt.

Da Weinreben ein schnelles Wachstum aufweisen, ist es ratsam, sie bereits einmal im Sommer einem kleineren „Schönheitsschnitt" zu unterziehen. Bevor Sie die Pflanze überwintern, sollten Sie sie ebenfalls zurückschneiden, damit sie im nächsten Jahr gesund weiter wachsen kann. Insgesamt kann eine Weinrebe bis zu acht Meter hoch oder wohl eher gesagt weit wachsen. Damit sich die Pflanze untereinander gut verzweigt, ist es ratsam, die kräftigsten Triebe stehen zu lassen und sich beim Zurückschneiden eher auf schwächere zu konzentrieren.

Übrigens wachsen Weintrauben ausschließlich an neuen Trieben, die aus zwei Jahre alten Ästen sprießen. Wenn sich ihre Blätter im Herbst rotgolden färben, wird sie außerdem zu einem echten Hingucker, sofern sie das nicht ohnehin schon ist. Geht es auf die kalte Jahreszeit zu, stellen Sie den Kübel eher nah an die Hauswand und isolieren Sie ihn mit Stoffen wie etwa Vlies oder Jute, damit die Rebe nicht erfriert. Grundsätzlich ist Wein frostfest, jedoch sinken die Temperaturen um die Wurzeln in Kübeln tiefer als in der freien Natur, weswegen Sie hier etwas nachhelfen müssen.

Ratsam ist es an dieser Stelle auch, den Kübel direkt in Richtung der Wand zu positionieren, da es schwierig werden könnte, ihn zu bewegen, wenn die Verzweigungen der Pflanze bereits fest an einem Gegenstand hochklettern. Weinreben können übrigens einfach durch Stecklinge vermehrt werden. Machen Sie Ihren Freunden und Bekannten doch eine Freude und schenken Sie ihnen eine kleine Rebe.

Rosengewächse kennt jeder. Hochstammrosen oder auch Zwergrosen sind eine zeitlose und stilvolle Möglichkeit, prachtvolle Blüten der schönsten

Farben und einen bezaubernden Duft zu Ihnen nach Hause zu bringen. Rosengewächse sind Tiefwurzler, daher sollte von vorneherein darauf geachtet werden, ausreichend tiefe Töpfe zu wählen. Rosen fühlen sich generell an hellen, luftigen Standorten am wohlsten und vertragen sowohl keine Staunässe als auch keine trockenen Füße.

Das Gieß- und Regenwasser sollte also am besten über eine Drainageschicht wieder aus dem Topf ausgeleitet werden. Topfrosen können sehr gut in Räumen mit einer Temperatur zwischen -10° und + 8° Celsius überwintert werden, wie zum Beispiel in einer Garage. Hierfür ist übrigens kein Licht notwendig, da die Pflanze vorher ihre Blätter abwirft und während der Wintermonate wenig bis gar kein Licht benötigt. Am wohlsten fühlen sich Rosen in leicht saurer Erde, das bedeutet einen ungefähren pH-Wert von 5,5-6,5. Kaufen Sie hierbei, um sicher zu gehen, am besten direkt geeignete Rosenerde und den dazugehörigen Dünger.

Gedüngt werden sollten Rosen außerdem erst nach der Blüte im Juni. Nach circa fünf Jahren sollte die Rosenpflanze dann schließlich umgetopft werden, was bestenfalls im Herbst oder im Frühjahr geschieht. Die nächste Idee, den Balkon durch Zier-pflanzen optisch aufzuwerten, ist eine weitere Klet-terpflanze, die sogenannte **Passiflora Caerulea**, wohl eher bekannt als **Blaue Passionsblume**. Nicht zu verwechseln mit Passionsfruchtpflanzen. Diese gehören zwar zur gleichen Familie, jedoch handelt es sich bei der Passiflora, die auf unseren Balkonen heimisch ist, um eine Züchtung, die keine Früchte trägt. Manchmal bilden sie zwar kleine grüne, spä-ter braune runde Kugeln aus, welche jedoch von innen hohl sind, deshalb werden sie hier nicht als Früchte bezeichnet. Obwohl die Passiflora durch ihre Optik einen exotischen, verspielten und zarten Eindruck macht, handelt es sich um eine ziemlich pflegeleichte Pflanze, was für Sie als Anfänger durchaus von Vorteil ist.

Ihre Wachstumsphase reicht von Ende März bis Oktober. In dieser Zeit bringt sie fast durchgängig und immer wieder einzelne ihrer beeindruckenden Blüten aus. Sie sind ein echter Hingucker. Sie liebt einen hellen Standort, verträgt auch direkte Sonne und benötigt gerade dann ausreichend Wasser. Da es sich bei der Passionsblume um eine Kletterpflan-ze handelt, ist sie eine platzsparende Möglichkeit, den Balkon zu dekorieren, denn Sie können ihre Stränge fast überall entlangwachsen lassen, solange sie eine Rankhilfe findet, mit der sie übrigens deutlich schneller und gesünder wächst als ohne.

Da Passionsblumen von Natur aus nicht winterfest sind, müssen sie in hellen Innenräumen überwintern. Denkbar hierfür ist beispielsweise der Eingangsbereich eines Treppenhauses. Das Winterquartier der Passionsblume sollte nicht dauerhaft die 15 °C Marke überschreiten, jedoch auch nicht unter 5 °C fallen. Auch hier gibt es wieder einige Ausnahmen, sogenannte winterharte Sorten. Jedoch halten selbst diese andauernde Minustemperaturen nicht auf Dauer aus.

Vor dem Umzug in ein Winterquartier ist ein leichter Rückschnitt ratsam. Dabei sollten Sie jedoch vorsichtig sein, nicht zu viel der Pflanze abzuschneiden. Nicht, weil sie im nächsten Frühjahr sonst nicht austreibt, davor sollten sie keine Angst haben. Nein, vielmehr, weil die Äste der Passiflora über den Winter hinweg ganz natürlich eintrocknen und sogar hölzern wirken. Schneiden sie also bereits im Herbst zu viel Pflanze ab, könnte Ihnen im darauffolgenden Jahr ein insgesamt kürzerer Kletterfreund begegnen. In den herkömmlichen Pflanzengeschäften werden diverse Ausführungen der Passionsblumen angeboten. Dabei reichen die Farben ihrer Blüte von den klassischen blau-weißen Blüten bis hin zu violetten, roten oder bunten Blütenblättern, von denen beim näheren Betrachten jede einzelne aussieht wie ein eigenes kleines Kunstwerk. Passionsblumen sind vor allem auf Balkonen prinzipiell wenig anfällig für Schädlinge. Lediglich ein Spinnmilbenbefall könnte der Pflanze drohen. Auf die Bekämpfung dessen wird jedoch in einem späteren Kapitel näher eingegangen.

Schließlich folgt eine letzte Zierpflanze, die Ihren Balkon durch ihr elegantes und dekoratives Aussehen optisch einfach aufwertet: der **Eukalyptus**. Die Rede ist hier von einem kleinen Baum in einem Pflanzkübel, denn in ihrer natürlichen Umgebung werden Eukalyptusbäume im Durchschnitt circa 35 Meter hoch und erreichen teilweise sogar eine Wuchshöhe von bis zu einhundert Metern. Der Eukalyptus besticht durch seine einzigartige Blattform und Farbe. Die Blätter erscheinen blaugrünlich und sind relativ klein und rundlich. Dabei bringt der Eukalyptus weitere Vorteile mit sich, wie beispielsweise das Vertreiben von Insekten, durch den Duft seiner Blätter. Dieser ist jedoch für uns Menschen nicht unangenehm zu riechen. Seine Blätter können nicht nur bewundert, sondern auch für die Zubereitung von Tee verwendet werden.

Ein sonniger Standort ist es, was der Eukalyptus zum Wachsen braucht. Sollte es sich bei Ihrem Balkon um einen etwas kleineren handeln, so ist es ratsam, die Art Eukalyptus gunii zu wählen, denn diese wächst im Gegensatz zu ihren verwandten Arten langsam und nur allmählich. Der Eukalyptus benötigt vor allem bei Hitze und hoher Sonneneinstrahlung viel Wasser. Gießen Sie jedoch nie zu viel, denn Staunässe verträgt er nicht. Der Eukalyptus verzeiht es Ihnen, sollten Sie einmal das Gießen vergessen haben.

Da die Pflanze recht schnell wächst, sollte sie gerade zu Beginn häufiger umgetopft werden. Dies sollte immer dann geschehen, wenn bereits Wurzeln aus dem Kübel hinauswachsen, denn dann wird der bisherige Topf zu klein geworden sein. Nehmen Sie dabei gleichzeitig einen großzügigen Pflegeschnitt vor, indem Sie zum einen welke und braune Blätter sowie Äste entfernen und anschließend stark verzweigtes Grün zurückschneiden, denn er wird schon bald wieder austreiben.

Zum Düngen wird die Gabe von Flüssigdünger alle zwei Wochen empfohlen. Ein deutlicher Vorteil des Eukalyptus gunii ist auch seine robuste Beschaffenheit, denn er lässt sich ohne Probleme in unseren Breitengraden draußen überwintern. Hierbei sollte jedoch auf eine ausreichende Isolation des Kübels gegen die Kälte geachtet werden.

Tipp: Platzieren Sie die Pflanzkübel im Winter auf Styroporplatten. So wird der Kübel von unten gegen kalte Temperaturen durch Feuchtigkeit isoliert und warmgehalten. Dieser Vorgang ersetzt jedoch nicht das Abdecken der Kübel durch dafür geeignete Materialien wie unter anderem Vlies, Jute, Holzkisten und Laub.

BLUMENTÖPFE UND ANDERE PFLANZGEFÄßE

So vielfältig wie die Auswahl an geeigneten Pflanzen für Ihren Balkongarten ist, so groß ist auch die Auswahl an dazugehörigen Pflanzgefäßen, denn nicht immer muss es ein einfacher Topf oder Blumenkübel sein. Das folgende Kapitel stellt Ihnen kreative Ideen und Denkanstöße zum Thema Pflanzgefäße vor und weiht Sie unter anderem in die Vorteile eines Hochbeets ein. Zum Schluss werden einige Alternativen und Möglichkeiten zur gestalterischen Aufwertung Ihrer Pflanzgefäße erläutert.

Hochbeet

Bestimmt haben Sie im Zusammenhang mit dem Thema Gartengestaltung schon von sogenannten Hochbeeten gehört und vielleicht schon das ein oder andere Mal überlegt, sich selbst ein solches anzuschaffen. Diese Art, Gemüsepflanzen zu kultivieren, kann eine echte rückenschonende Alternative zum herkömmlichen Gartenbeet sein und sich mit der richtigen Vorbereitung lange selbst düngen und somit seine Erde fruchtbar halten.

Im Prinzip gibt es zwei Möglichkeiten: Zum einen kann das Hochbeet fertig gekauft werden, beziehungsweise als Bausatz geliefert und anschließend zusammengebaut werden. Oder Sie entscheiden sich von vorneherein dazu, das Beet aus Holz selbst zu gestalten und anzufertigen.

Dazu braucht es zwar etwas handwerkliches Talent und genügend Wissen über Statik und die Eigenschaften eines Hochbeets im Allgemeinen, jedoch ist es eine echte Alternative zu einem Massenprodukt und auch dafür gibt es heutzutage leicht verständliche Anleitungen. Egal, für welche Variante Sie sich letztendlich entscheiden, ist es unerlässlich, sich vorab über die Tragkraft des Balkons zu informieren. Ein Hochbeet wird schließlich mit mehreren Schichten organischen Materials und Erde gefüllt, bepflanzt und anschließend bewässert, weshalb die Konstruktion insgesamt ein hohes Gewicht erreichen kann. Es gibt speziell für den Balkon etwas kleinere Varianten, die bei einem Durchschnittsbalkon die zulässige Traglast nicht überschreiten.

Sie sollten sich also am besten im Voraus auf die Suche nach einem geeigneten Hochbeet machen.

Haben Sie sich schließlich für ein Hochbeet entschieden, beginnt die Vorbereitung der Füllung. Wer meint, ein Hochbeet einfach als einen überdimensionalen Blumenkübel zu betrachten, der liegt weit daneben. So einfach ist es leider nicht, denn um erfolgreiche Bepflanzung auf Stelzen zu gewährleisten, müssen einige Kriterien eingehalten und bestimmte Maßnahmen umgesetzt werden.

Zuerst beginnen wir mit ein wenig Theorie. Die Vorteile eines solchen Hochbeets liegen auf der Hand. Zum einen ist perfekt für das Urban Gardening geeignet, denn das Hochbeet vereint Funktionalität mit Natur auf kleinem Raum. Es kann durch seine separate Befüllung quasi überall stehen, das heißt, versiegelte Flächen wie Balkonboden oder Terrassenfliesen sind kein Hindernis.

Zum anderen kann es durch seine ergonomische Höhe viel leichter bepflanzt werden, was Menschen mit etwaiger körperlicher Einschränkung eine neue Möglichkeit bieten kann, trotzdem zuhause Gemüse anzubauen. Durch die hohe Lage der Pflanzen, ist außerdem eine stärkere Lichtversorgung gewährleistet, da die Pflanzen in einem ganz anderen Winkel zur Sonne stehen. Nebenbei können die Pflanzen viel tiefer wurzeln als beispielsweise in einem Kübel. Doch die Wurzeln liegen nicht nur tiefer, sondern gleichzeitig auch wärmer, da die Füllung des Beetes arbeitet und dadurch Wärme erzeugt.

Außerdem wird Schädlingen, wie zum Beispiel Schnecken der Befall erschwert, wenn nicht sogar unmöglich gemacht, was eine deutlich größere Ausbeute bei der Ernte bedeuten kann. Unterscheidet man nun noch zwischen einem bodenhohen Beet und einem sogenannten Tischbeet, fällt ein weiterer Vorteil auf, denn das Tischbeet steht, ähnlich wie ein Tisch, auf Füßen. Das bedeutet, Sie haben gleichzeitig unter dem Beet eine weitere Verstaumöglichkeit und lassen so keinen Platz ungenutzt. Mit einem insgesamt niedrigeren Gewicht sind solche Tisch-Hochbeete also auch weitaus besser für den Balkon geeignet. Die Preise im Verkauf für ein solches Tisch-Hochbeet liegen online etwa zwischen 60€-150€.

Dass ein Hochbeet einige Vorteile gegenüber dem herkömmlichen Gartenbeet bietet, sollte uns nun bewusst sein. Doch was gehört alles in ein solches Beet hinein? Egal, für welche Bauart Sie sich entscheiden, die Füllmaterialien bleiben bis auf den Untergrund die Gleichen. Steht das Beet beispielsweise nicht auf festem Untergrund, also beispielsweise am Rand Ihrer Terrasse, empfiehlt es sich, ein Wühlmausgitter nach unten einzusetzen. Steht das Beet hingegen auf festem Boden, genügt es, eine Schicht Filtervlies nach unten zu legen, damit das Wasser kontrolliert ablaufen kann und die Umgebung um das Beet herum nicht so schnell schmutzig oder feucht wird.

Je nachdem, wo Sie sich informieren, werden Sie unterschiedliche, jedoch in ihrer Funktion gleiche Bezeichnungen für die einzelnen Schichten finden. Die unterste Schicht besteht aus grobem Material wie beispielsweise grobem Gehölzschnitt, also Strauchabfällen und Ästen. Genauso können hier Tonscherben oder einige große Kieselsteine zum Einsatz kommen, denn grobes Material bildet die wichtige Drainageschicht.

Sie hat mit dieser Aufgabe dieselbe Funktion wie in kleineren Blumentöpfen auch, nämlich dafür zu sorgen, dass sich kein Wasser in der Erde anstaut, welches die Wurzeln von unten befeuchten könnte. Die nächste Schicht besteht aus feinerem

Grün- oder Gehölzschnitt, sogenanntem Häcksel und ersten Pflanzenresten wie zum Beispiel Laub oder Rasenschnitt. Diese Schicht darf dabei im Verhältnis genauso dick sein, wie die unterste. Darauf wird in etwas schmalerem Ausmaß Kompost geschichtet. Zu Kompost zählen Garten- und Bioabfälle, sowie beispielsweise verrotteter Pferdedung. Zuletzt folgt ganz oben in etwa so hoch wie die Kompostschicht, eine Lage Hochbeeterde oder sonstigen Pflanzensubstrats.

Um jedoch eine hohe Qualität der Erde zu gewährleisten, greifen Sie gerne auf Bio-Erde zurück. Im Prinzip gibt es je nach Ratgeber immer ein paar Unterschiede zur genauen Schichtung und Verteilung der Bestandteile in einem Hochbeet. Wichtig ist jedoch, grob das zuvor erklärte Muster zu befolgen. Haben Sie dies getan, kann es auch schon mit dem Bepflanzen losgehen. Beachten Sie hierbei bitte unbedingt das im nächsten großen Schritt beschriebene Prinzip der Mischkultur.

Kübel
Im Folgenden werden einige Möglichkeiten aufgezeigt und erläutert, wie Sie Ihre Pflanzen auf dem Balkon nicht nur praktisch, sondern auch anspre-

chend präsentieren können. Zum einen gibt es Pflanzkübel. Sie mögen die verbreitetste Variante für den heimischen Gemüseanbau darstellen und sind in allerlei Formen, Farben und Materialien erhältlich. Es gibt sie unter anderem aus Holz, aus Stein, aus Metall, mit Korbverkleidung oder im Materialmix aus Edelstahl und Holz. Sie sind meist etwas größer und haben entweder eine flache und breite oder eine hohe und schmale Form.

Blumentöpfe zum Beispiel gibt es bekanntlich auch in allen möglichen Ausführungen, Formen und Farben. Dabei gibt es besonders ausgefallene Designs, die sich jedoch meist gar nicht gut für die Pflanzenzucht eignen, denn die Töpfe mit der am besten bewährten Qualität sind unter anderem einfache Töpfe aus Ton oder Terrakotta.

Diese sind durch ihre natürliche Materialbeschaffenheit in der Lage dazu, Wasser aufzunehmen und abzugeben, was zu einer optimalen Wasserversorgung der Pflanze beitragen kann. Mittlerweile gibt es sogar Töpfe mit einem eigenen Bewässerungssystem, in die man vorab eine bestimmte Menge Wasser einfüllen kann. Der Topf bewässert die Pflanze dann je nach vorab festgelegter Intensität über einen gewissen Zeitraum selbstständig. Für die Anzucht von Jungpflanzen existieren mittlerweile sogenannte **Pflanztöpfe**. Sie bestehen aus organischem Material und erleichtern die Anzucht enorm, denn hat die Pflanze bereits Triebe ausgebildet und ist bereit dazu, in einen größeren Topf gesetzt zu werden, kann der Anzuchtstopf direkt mit in die Erde gegeben werden, denn das Material baut sich nach einiger Zeit zu einhundert Prozent ab und hat keine Auswirkungen auf die Gesundheit oder die Entwicklung der Pflanze, außer womöglich den positiven Effekt, dass beim Eintopfen weniger Wurzeln beschädigt werden.

Zu den Blumentöpfen zählen auch sogenannte **Ampeln**. Sie hängen meist an Haken oder Seilen befestigt von der Decke hinunter und tragen Pflanzen in sich. Besonders eignen sich Ampeln für Kletter- und Schlingpflanzen, wie zum Beispiel die „Schwarzäugige Susanne", da diese in ihrer natürlichen Wuchsrichtung entweder nach oben oder nach unten klettern, beziehungsweise hängen können. Eine weitere Art des Blumentopfes ist die Pflanzschale. Sie ist durch ihre flache Beschaffenheit nicht für viele Pflanzen und vor allem im Außenbereich eher weniger geeignet. Es gibt speziell für Außenbereiche verschiedenste Arten von **Blumenkästen**, die an das Balkongeländer montiert werden können. Eine Variante davon sind sogenannte Pflanztaschen. Sie sind lediglich aus Stoff gefertigt und in ihren einzelnen Taschen etwas kleiner, jedoch extra für den Zweck, darin Pflanzen zu halten, entworfen. Neben herkömmlichen Blumen- oder Pflanzkübeln gibt es außerdem Pflanzsäcke, die aus Planen oder Kunststoff bestehen und schließlich noch das Prinzip des Hochbeets, als eine Art riesigen Pflanzkübels auf Beinen, welches vorab bereits ausführlich beschrieben wurde.

Alternativen und Upcycling

Sind Ihnen herkömmliche Töpfe und Kübel strikt zu langweilig und hatten Sie schon immer mal Lust, sich kreativ auszutoben? Dann sollten Sie diesem Abschnitt besonders aufmerksam folgen! Aus einigen ausrangierten Gebrauchs- oder Dekorationsgegenständen lassen sich besonders stylische und nachhaltige Alternativen zum Blumentopf formen.

Sie haben bereits beim Stöbern im Internet oder in Zeitschriften die verrücktesten Gegenstände gesehen, in denen Pflanzen wuchsen, und dachten sich damals: „Wow, eigentlich müsste ich das doch auch hinbekommen!" Genau so ist es, denn mit folgenden Denkanstößen werden auch Sie bald Freunde und Bekannte mit Ihren ausgefallenen Ideen zum Staunen bringen.

Alternativen wie zum Beispiel eine **Kräuterspirale** gibt es in sämtlichen Ausführungen. Es gibt sie in groß für den Garten aber auch als Miniaturversion für den Balkon und sogar für den Innenbereich. Wie Sie im nächsten Hauptkapitel lernen werden, vertragen sich Kräuter untereinander ausgezeichnet, was eine enge Aneinanderreihung ermöglicht. So muss nicht für jede Pflanze einzeln ein eigener Topf angeschafft und befüllt werden. Kräuterspiralen lassen sich je nach Modell sowohl auf dem Boden als auch auf Tischen platzieren und sind ein echter Blickfang.

Rankhilfen beispielsweise können auch sehr einfach selbst hergestellt werden. Das Tolle dabei ist, Sie selbst sind Designer und Handwerker in einem und können über die Form und Größe, über verwendete Materialien und über die genaue Anwendung entscheiden. Dabei kommen Sie übrigens sehr günstig weg, indem Sie das Material selbst zusammensuchen. Beispielsweise lässt sich im Wald prima nach dicken Ästen oder dünnen Stämmen suchen, die auf dem Boden oder am Waldrand liegen. Sammeln Sie davon einige, trocknen sie ausreichend und sägen Sie sie zurecht. Eine Rankhilfe kann beispielsweise aussehen wie eine Leiter oder ein Gitter. Dazu verbinden Sie die Äste entweder durch Nägel miteinander oder binden sie mit Draht und Kordel über Kreuz fest zusammen. Wichtig ist hierbei jedoch, dass das Holz vorher ordentlich abgeschliffen und wenn möglich mit einer Holzlasur versehen wird.

So hält es sich länger, ist weniger anfällig für Parasiten und sieht nebenbei auch noch edler aus. Dazu reicht es, etwas Schleifpapier, um einen festen Schwamm zu spannen und das Holz in kreisenden Bewegungen zu bearbeiten, bis die Rinde vollkommen glatt oder ganz abgeschliffen ist. Diese Konstruktion kann neben der Rankhilfe für Kletterpflanzen außerdem auch eine Art Regal darstellen, wie zum Beispiel ein Kräuterleiter. Hängen Sie dazu einfach Töpfe mit Henkel an die Sprossen und erfreuen Sie sich an dem tollen Anblick. Als Übertöpfe oder Pflanzregale lassen sich alte **Weinkisten** und ausrangierte **Europaletten** super nutzen. Weinkisten zum Beispiel können in Form einer Treppe arrangiert werden und bieten somit sowohl von innen als auch auf ihrer Oberseite viel Platz für Blumentöpfe und sonstige Pflanzgefäße.

Sie überzeugen außerdem durch ihren rustikalen Stil und schaffen häufig einen anschaulichen Stilbruch in der Balkongestaltung. Sie können die Weinkisten auch direkt bepflanzen. Dabei sollte allerdings zuerst eine geeignete Folie von innen ausgelegt und durchlöchert werden, damit die Erde nicht ausgespült wird, sich aber gleichzeitig kein Wasser anstaut. Dann können sie mit Substrat befüllt und bepflanzt werde. Ein Vorteil dabei ist ihre Größe, denn viele Blumenkübel haben einen geringeren Durchmesser als Weinkisten. Somit eignen sie sich ideal als Alternative für einfache Blumentöpfe oder Pflanzregale.

Europaletten vermitteln einen ähnlich rustikalen Stil, tragen dabei aber eine Neutralität mit sich, die sie mit nahezu allem kombinieren lässt, sowohl optisch als auch in ihrer Verwendung. Sie werden deshalb heutzutage häufig zur Dekoration oder als Möbelersatz eingesetzt. Auf Ihrem Balkon lassen sie sich ebenfalls vielseitig verwenden. Dreht man sie zum Beispiel mit der Oberseite zur Wand, werden die größeren Zwischenräume sichtbar.

Dort lassen sich wunderbar kleinere Blumen oder Kräuter hineinpflanzen. Selbstverständlich muss auch hier ein Boden mithilfe einer Folie oder Holz geschaffen werden, bevor die Zwischenräume mit Erde befüllt werden können. Neben Balkonmöbeln können Paletten auch als Aufhänger für Blumentöpfe mit Henkeln oder Blumenkästen dienen. Sie können sich hier vollkommen austoben, die Paletten mit Farbe bemalen, sie beschriften oder baulich so verändern, dass sie sich Ihrem Balkon anpassen. Außerdem können Europaletten sowohl stehend, liegend, als auch hängend, also an die Wand geschraubt, verwendet werden.

Wichtig ist hierbei der Nachhaltigkeitsaspekt! Klar könnte man einfach neue Weinkisten und Europaletten kaufen und diese dann aufwerten. Jedoch gibt es von beiden derzeit genügend Exemplare, die nicht mehr gebraucht werden und am Ende nur auf dem Müll landen würden. Indem Sie gebrauchte Gegenstände retten und umfunktionieren, nutzen Sie bereits vorhandene Ressourcen und tun nicht nur der Umwelt, sondern bestenfalls auch Ihrem eigenen Gewissen und Geldbeutel etwas Gutes.

Eine Möglichkeit des Upcyclings ist die Nutzung von **Milchtüten**. Aus ihnen lassen sich niedliche kleine Pflanzgefäße oder Mini-Blumenvasen basteln. Zuerst schneiden Sie die oberen 15 Zentimeter der Packung gerade ab. Der Innenraum sollte anschließend wegen des Fettgehalts gründlich ausgewaschen werden, am besten mit Spülmittel. Anschließend drücken und drehen sie die Packung entlang der hohen Kante ordentlich, bis die Tüte weicher wird.

Als nächstes kann die äußere bedruckte Schicht der Verpackung entfernt und der obere Rand ein bis zweimal nach außen umgeklappt werden. Die Grundform der Milchtüte bleibt erhalten, weshalb sie sich durch ihre weiter andauernde Standfestigkeit gut als Gefäß eignet. Zum Schluss kann der Upcycling-Blumentopf mit wasserfesten Stiften nach Ihren Wünschen bemalt und verziert werden.

Dies ist eine nachhaltige und gleichzeitig kreative Lösung, Müll zu verringern und der Verpackung, die wir sowieso entsorgt hätten, noch einen weiteren

Sinn zu geben. Werden Pflanzen in die Milchtüte eingesetzt, sollte wie immer auf einen ausreichenden Wasserablauf geachtet werden, indem beispielsweise ein Loch in den Boden geschnitten und dann mit einer flachen Drainageschicht überdeckt wird. Dies ist insgesamt also eine clevere Lösung, alte Materialien wieder neu zu erfinden und so geht es im nächsten Abschnitt mit einer ähnlichen Variante weiter.

Plastikflaschen als Blumenkübel stellen neben den Milchtüten eine genauso nachhaltige Lösung dar, gebrauchten Kunststoff wiederzuverwenden. Sie nehmen dazu einfach eine leere Plastikflasche und spülen diese gründlich aus. Wichtig ist, den Deckel aufzuheben, sonst wird die Konstruktion später undicht. Setzen Sie ihn am besten direkt wieder auf. Indem Sie die Flasche hinlegen und an einer beliebigen Stelle beginnen, einen Schnitt zu machen, lässt sich ganz einfach ein großes, längliches Loch in das Plastik hineinschneiden. Wiederholen Sie diesen Vorgang mit mehreren Flaschen und Sie haben gleich mehrere recycling-Blumenkübel, die sie noch weiter verarbeiten können. Bohren Sie an der Unterseite, die derzeit noch unversehrt ist, drei bis vier Löcher, durch die Wasser abfließen, aber keine Erde austreten kann. Stellen Sie sich das Ganze nun vor wie mehrere nebeneinander hängende Strickleitern aus Plastikflaschen und Seilen. Fädeln Sie dazu einfach ein langes Band durch zwei gegenüberliegende Löcher auf jeweils beiden Seiten der Flasche und knoten Sie die Schnur jeweils an der Unterseite der Flasche einmal, damit diese nicht verrutschen kann.

Machen Sie das Gleiche mit drei weiteren Flaschen, sodass am Ende vier Flaschen in gleichmäßigen Abständen zueinander je rechts und links an einer Schnur hängen. Diese Konstruktion kann nun einzeln oder mehrere Male nebeneinander angefertigt und aufgehängt werden. Nun sind die Flaschen dazu bereit, befüllt zu werden. Denken Sie bitte auch hier an eine kleine Drainage in der Flaschenunterseite und bestücken Sie anschließend alle Flaschen mit Erde und Pflanzen. Das Gesamtergebnis wird Sie und Ihren Besuch sicher erstaunen.

Zuletzt gibt es noch einige einfache, aber witzige Optionen, wie man aus Altem Neues schaffen und so seinen Balkon aufwerten kann. Haben Sie beispielsweise schon einmal versucht, eine Pflanze in einem alten **Gummistiefel** oder **Turnschuh** heranzuziehen? Falls nicht, lohnt es sich in jedem Fall, es einmal auszuprobieren, denn auch in alten Schuhen lassen sich Pflanzen prima kultivieren, solange sich ausreichend nährstoffreiche Erde darin befindet.

Doch nicht nur Schuhe, sondern auch alte **Gebrauchsgegenstände** wie Uhren, alte Wecker oder Behälter aus Küche und Co. wie zum Beispiel Tassen lassen sich zum Blumentopf umfunktionieren. Manchmal lassen sich daraus sogar echte Kunstwerke erschaffen.

Abschließend lässt sich festhalten, dass es beim Thema Pflanzgefäße nicht nur die Auswahl zwischen verschiedenen Größen und Farben gibt, sondern auch andere kreative Ideen existieren, mit denen Sie Ihren Außenbereich sogar einzigartig und unverwechselbar gestalten können. Dabei muss es sogar nicht immer die teuerste Alternative sein, denn wer die Kunst des Upcyclings beherrscht, lässt sich nicht daran hindern, seine eigene Vision in die Tat umzusetzen.

BEPFLANZEN

Sie haben bei der riesigen Auswahl nun einige Pflanzgefäße gesammelt und bereits ein grobes Konzept entwickelt? Dann sind Sie bereit für den nächsten Schritt, das Bepflanzen. Hierbei handelt es sich entweder um das Aussäen von Pflanzensamen oder das Einsetzen der vorgezogenen Jungpflanze in Ihren Balkongarten.

Mischkulturen und Fruchtfolge

Ein wichtiger Punkt bei der Bepflanzung beispielsweise eines Hochbeets oder Kübels, hierbei geht es in erster Linie um Pflanzen, die aus demselben Boden zehren, ist das Pflanzen in sogenannten Mischkulturen. Als Mischkultur wird das Kombinieren bestimmter Pflanzen innerhalb eines Beetes verstanden, was dazu dient, möglichst viele Vorteile durch sogenannte Synergieeffekte zu erzielen. Eine Mischkultur ist das Gegenteil einer Monokultur, welche das Anbauen ein und derselben Pflanzenart auf demselben Boden über einen längeren Zeitraum hinweg bedeutet.

Tipp: Wichtig hierbei, notieren Sie sich am besten, welche Pflanzen Sie wann in Ihrem Beet haben wachsen lassen, damit Sie angemessen reagieren können. Fertigen Sie hierzu auch gerne einige Fotos an, um sich besser daran zu erinnern.

Dazu gehört mitunter auch die Einhaltung der Fruchtfolge. Fruchtfolge bedeutet einen klaren Wechsel im Jahresrhythmus zwischen den sogenannten Starkzehrern, Mittelzehrern und Schwachzehrern. Da der Boden im ersten Jahr noch über eine hohe Nährstoffdichte verfügt, die manche Pflanzen tatsächlich überfordern könnte, für andere hingegen sehr nützlich ist, werden zuerst Starkzehrer in die Erde gepflanzt. Dazu zählen als einheimische Obst- und Gemüsepflanzen unter anderem Gurken, Kartoffeln, Kohl, Kürbis, Lauch, Paprika, Tomaten und Zucchini. Im Jahr darauf eignen sich Erdbeeren, Fenchel, Karotten, Knoblauch, Kohlrabi, Mangold, Rote Beete, Salat, Spinat, Stangenbohnen und Zwiebeln, als Mittelzehrer.

Das dritte Jahr ist den Schwachzehrern vorbehalten, wie beispielsweise Buschbohnen, Erbsen, Feldsalat, jegliche Kräuter, Radieschen und Sonnenblumen. Im Jahr darauf hingegen findet eine Bepflanzung durch Gründünger statt. Diese kann mithilfe von Senf, Buchweizen, Klee, Lupinen, Wicken oder Ölrettich geschehen. Diese Pflanzen tragen dazu bei, den Nährstoffgehalt des Bodens zu schonen und ihn teilweise sogar aufzubessern. Sie beugen außerdem Schädlingsbefall vor und machen den Boden fruchtbar für die im nächsten Jahr folgende Aussaat.

Zu einer sinnvollen Abwechslung im Beet lassen sich folgende Grundregeln festhalten. Flach- und Tiefwurzler sollten möglichst abwechselnd platziert werden, um allen Wurzeln eine ausreichende Wasser- und Nährstoffversorgung zu gewährleisten. Außerdem kann so Staunässe durch eine Auflockerung des Bodens vorgebeugt werden. Auch die Wuchshöhe der Pflanzen ist entscheidend. So sollte stets darauf geachtet werden, dass Pflanzen mit einer geringeren Wuchshöhe nicht durch andere verdeckt werden und so kaum Sonnenlicht abbekommen. Des Weiteren sollten Sie keine Pflanzen der gleichen Pflanzenfamilie direkt nebeneinander setzen, denn diese haben bekanntlich ähnliche Anforderungen an den Standort, was zu einer zerstörerischen Konkurrenz untereinander führen kann.

In Bezug auf die empfohlene Mischkultur lassen sich unter unseren heimischen Obst- und Gemüsepflanzen folgende verträgliche Nachbarn beobachten: Karotten und Zwiebeln, Spinat und Erdbeeren, Kartoffeln und Tomaten, Dill mit Erbsen und Salaten, Gurken mit Lauch, roten Rüben und Zwiebeln, Knoblauch mit Erdbeeren und Tomaten, Paprika und Endivien. Buschbohnen, Bohnenkraut und Bohnen harmonieren im Allgemeinen wunderbar miteinander. Kräuter zum Beispiel haben tendenziell kaum schlechte Nachbarn.

Die folgenden Pflanzen hingegen sollten nicht in die Nähe zueinander gepflanzt werden: Zucchini und Gurken, Fenchel und Tomaten, Zwiebeln und Kartoffeln, Paprika und Erbsen, Tomaten mit Erbsen und Gurken.

Schwarzwurzeln, Karotten, Pastinaken, Mairüben, Feldsalat und Kresse lassen sich prinzipiell mit nahezu allen anderen Pflanzen kombinieren – sie sind also neutrale Nachbarn und eignen sich exzellent für Zwischenräume und Übergänge. Sollten sich aus den genannten Kombinationen einmal keine neutralen Nachbarpflanzen finden, kann es auch helfen, zwischen den Reihen einige Zierblumen zu pflanzen. Sie vertragen sich gut mit nahezu allen Obst- und Gemüsepflanzen und locken außerdem Bienen an.

Wie nützlich passende Kombinationen zwischen verschiedenen Obst- und Gemüsepflanzen sind, zeigt sich auch im Hinblick auf die Bekämpfung und sogar Vermeidung von Schädlingsbefall.

Tipp: Warum nicht ein eigenes kleines Tagebuch anlegen, in dem Sie Ihre eigenen Erfahrungen zum Gärtnern festhalten. Dort können Sie auch einfach ein Verzeichnis an guten und schlechten Nachbarn anlegen, Neues ausprobieren und die Liste stetig erweitern.

Kauf von Pflanzen und Saatgut
Es gab noch nie so viele verschiedene Möglichkeiten, an Pflanzen und Saatgut sowie Zubehör zu kommen. Da ist auf der einen Seite das Internet mit seinen unendlichen Möglichkeiten. Auf der anderen Seite stehen uns bekannte große Baumärkte, Händler für Gartenbedarf, Zoo und Aquaristik, sowie

leider immer seltener kleinere, inhabergeführte Gärtnereien und Läden, die Blumen und Pflanzen verkaufen. Das liegt mitunter am großen Überangebot, dem dazugehörigen Wettbewerb und dem daraus resultierenden Preiskampf.

„Doch wo kaufe ich denn nun am besten meinen Gärtnereibedarf und speziell die Pflanzen und Samen?", mögen Sie sich fragen. Die Möglichkeiten liegen auf der Hand. Im Internet findet man meist eine riesige Auswahl und wird damit nahezu überschwemmt. Wer soll da noch den Durchblick behalten, was gut ist und was nicht?

Empfehlenswert ist es, im Voraus abzuwägen: Ist Ihnen ein möglichst günstiger Einkauf wichtig und weite Transportwege der Produkte sind Ihnen egal? Dann werden Sie im Internet auf bekannten Online-Shopping Plattformen, sowie bei großen Versandhändlern sicher schnell fündig werden. Es lohnt sich hierbei auch ab und zu einen Blick in die Produktrezensionen zu werfen, um eventuelle mangelnde Qualität vorab zu erkennen und zu vermeiden.

Ihnen liegt das Wissen über die genaue Herkunft Ihrer Pflanzensamen und Pflanzen generell am Herzen und Sie möchten lieber den Einzelhandel und lokal ansässige Gärtnereien unterstützen? So zögern Sie nicht und fahren Sie zum nächsten Händler und lassen Sich beraten. Das Fachpersonal steht Ihnen bei Fragen und Zweifeln meist hilfsbereit zur Seite und kann Ihnen im Zweifel sogar wichtige Hinweise mit auf den Weg geben.

Dies soll keinesfalls den Eindruck vermitteln, es gäbe im Internet keine qualitativ hochwertigen Produkte zu kaufen. Ganz im Gegenteil, denn wenn man sich mit der Materie vertraut gemacht hat und genau weiß, was man sucht, kann die Vielfalt des Angebots bei Online-Versandhändlern durchaus nützlich sein. In diesem Fall, gerade als Neuling auf dem Gebiet, ist es jedoch ratsam, sich verschiedene Meinungen einzuholen, sich beraten zu lassen und ganz wichtig: seine eigenen Erfahrungen zu machen. Aus Fehlern lernen Menschen nun einmal am besten und so wird bestimmt auch Ihnen auf dem Weg hin zum idealen Balkongarten Ihrer Träume der ein oder andere Fehler passieren, was jedoch bekanntlich nicht schlimm ist.

PFLEGEN

Nun folgen einige Hinweise zur Pflanzenpflege im Allgemeinen. Wie in den vorherigen Kapiteln bereits zu einzelnen spezifischen Pflanzen erläutert, gehört zu einer erfolgreichen Pflanzenpflege mehr als nur das reine Einpflanzen und Bewässern. Wurden vorab alle möglichen Hinweise zum geeigneten Substrat für eine Pflanze befolgt und sie final eingepflanzt, beziehungsweise ihre Samen gesät, geht die eigentliche Arbeit erst richtig los. Wichtig ist selbstverständlich jede Pflanze regelmäßig oder nach Bedarf zu gießen.

Allein beim Gießen gibt es verschiedene Möglichkeiten. Zum Beispiel empfiehlt sich immer die Verwendung von Regenwasser, da dieses alles beinhaltet, was die Pflanzen aus dem Wasser ziehen können und es im Gegensatz zu unserem Leitungswasser kalkarm ist. Kalk im Gießwasser kann im Hinblick auf manche Pflanzen tatsächlich zum Problem werden, denn zu viel Kalk im Wasser versiegelt sozusagen die Nährstoffaufnahme über das Substrat, was dafür sorgt, dass viele Pflanzen daran zugrunde gehen. Es gibt verschiedene Möglichkeiten das Leitungswasser zu entkalken.

Ob das überhaupt notwendig ist, finden Sie heraus, indem Sie den Härtegrad Ihres Leitungswassers erfragen. Liegt der Wert bei über 15 °hD, sollten Sie das Wasser vor dem Gießen behandeln. Die Kalkkonzentration lässt sich zum einen durch Abkochen des Wassers vorab erreichen, was jedoch in großen Mengen sehr umständlich und zeitaufwändig sein kann. Man kann den Kalkgehalt auch reduzieren, indem man das Gießwasser aus der Leitung mit destilliertem Wasser vermischt, denn destilliertes Wasser schadet Pflanzen im Gegensatz zu uns nicht.

Erkennen können Sie einen zu hohen Kalkgehalt auch an weißen Ablagerungen an Ihren Pflanzgefäßen oder an mineralischen Ablagerungen auf der obersten Erdschicht. Im Gartenhandel gibt es beispielsweise Wasserenthärter zu kaufen, den man einfach ins Gießwasser mischen kann, jedoch enthält dieser bereits einige Stoffe, die auch in diversen Düngemitteln enthalten sind, weshalb die Düngungskur demnach beobachtet und gegebenenfalls angepasst werden sollte.

Wie bereits mehrmals in diesem Buch erwähnt wird, vertragen die meisten Pflanzen keine Staunässe, weshalb es beim Gießen enorm wichtig ist, für einen ordentlichen Wasserablauf zu sorgen, sonst bekommen Ihre Pflanzen schnell nasse Füße, werden krank und das mögen sie genauso wenig wie wir. Gießen sollten Sie im Allgemeinen entweder morgens oder am späten Abend, dann wenn die Sonne entweder noch nicht ihre volle Kraft entwickelt hat oder nicht mehr direkt auf die Pflanzen scheint.

> Tipp: Gießen Sie bestenfalls vor Sonnenaufgang oder nach Sonnenuntergang.

Neben dem Gießen sollten Sie auch großen Wert auf das Düngen Ihrer Pflanzen legen. Gerade als Anfänger kann es hilfreich sein, sich etwas auszuprobieren und herauszufinden, welche Pflanze wann und wie auf welchen Dünger reagiert. In der Regel befinden sich auf den Verpackungen der Düngemittel genaue Verwendungs- und Dosierungshinweise, die unbedingt eingehalten werden sollten.

> Tipp: Dünger sollte im Zweifel lieber niedriger dosiert ins Gießwasser gegeben werden, denn herrscht eine Überkonzentration des Gießwassers, kann die Pflanze schnell Schaden in Form von Verbrennungen davon tragen, was genau den gegenteiligen Effekt als den gewünschten hat.

Es gibt verschiedene Arten von Dünger: Den organischen und den mineralischen Dünger. Mit **organischem Dünger** meint man häufig Kompost, denn mithilfe dessen können Pflanzen auf natürliche Art und Weise die in den pflanzlichen und tierischen Rohmaterialien zersetzten Nährstoffe aufnehmen und werden so gestärkt. Ein klarer Vorteil dessen ist der Schutz der im Boden vorkommenden Organismen und eine nachhaltige Langzeitwirkung bei der Pflege der Pflanze.

Mineralische Dünger hingegen enthalten künstlich hergestellte Minerale, also Salze. Hinzugefügt werden einige Spurenelemente, die die Pflanze in ihrer gesunden Entwicklung und ihrem Wachstum besonders unterstützen. Es handelt sich hierbei also um anorganisches Material, welches gleich der hauptsächliche Nachteil gegenüber organischem Dünger ist, denn seine Verwendung ist weniger nachhaltig. Ein Vorteil hingegen ist die Möglichkeit der spezifischen Zugabe einzelner Stoffe, sogenannter Einzelnährstoffdünger, oder gleich einem kompletten Nährstoffpaket durch einen sogenannten Mehrstoffdünger. So können die Bedürfnisse jeder einzelnen Pflanze individuell ermitteln und berücksichtigt werden.

Ein Hausmittel gibt es wie fast in allen Bereichen auch beim Thema Pflanzendünger. Haben Sie schon mal etwas von Düngen mit Kaffeesatz gehört? Falls nicht, probieren Sie es gerne aus. Kaffeesatz enthält wertvolle Stoffe wie zum Beispiel Stickstoff, Kalium und Phosphor. Der klare Vorteil hierbei ist der geringe Kostenfaktor (vorausgesetzt, man kauft und trinkt den Kaffee nicht nur, um Dünger zu erhalten) und die Möglichkeit, Abfall sinnvoll zu verwerten.

Beobachten

Ein wichtiger Bestandteil der Pflanzenpflege ist das genaue Beobachten in allen Situationen. Auf eigenen Beobachtungen bauen Erfahrungswerte auf und diese sind wertvoll für Ihr Wissen in Bezug auf das Gärtnern. Gerade auf Ihrem Balkon oder Ihrer

Terrasse können Sie schnell einen Überblick erlangen und so Veränderungen rechtzeitig feststellen – seien es positive oder negative Entwicklungen, was das Wohlergehen Ihrer Pflanzen betrifft.

Es erweist sich als äußerst nützlich, aufmerksam zu sein und kleinste Veränderungen beispielsweise in der Farbe der Blätter oder dem Ausbleiben der Blüte oder neuer Triebe zu erkennen, denn diese Merkmale können unter anderem Anzeichen für einen Mangel oder Pflegefehler der Pflanze, eine Pilzerkrankung oder womöglich einen Schädlingsbefall sein. Indem Sie diesen frühzeitig spotten und erkennen, um welchen Schädling es sich handelt, kann weiteren Schäden an der Pflanze vorgebeugt werden.

Sie dürfen nicht vergessen, dass obwohl Sie nun womöglich alles Notwendige getan haben, um für einen guten Zustand Ihrer Pflanzen zu sorgen, diese Lebewesen sind und bekanntlich nicht perfekt sein können. Ja, teilweise haben sie sogar individuelle Probleme und Bedürfnisse. Auf dem Balkon sind Ihre Pflanzen zwar vor einigen Schädlingen wie zum Beispiel Schnecken geschützt, jedoch stehen sie draußen an der Luft und sind somit gefundenes Fressen für Spinnmilben, Blattläuse und Co.

SCHÄDLINGSBEFALL – WAS NUN?

Sie haben eine Veränderung an einer Ihrer Pflanzen festgestellt und finden auf ihren Blättern, Blüten oder sogar in der Erde kriechende, krabbelnde oder saugende Tierchen, so hat Ihre Pflanze mit ziemlich hoher Wahrscheinlichkeit einen Befall. Erkennen können Sie diesen unter anderem an Saug- oder Bissstellen, vergilbten oder vertrockneten Blättern oder anhand von Rückständen, die die ungewollten Besucher dort zurückgelassen haben, wie etwa Ausscheidungen oder weißen Gespinsten.

Zuallererst ist es wichtig, den Feind zu erkennen und zu bestimmen. Bekannte und häufige Schädlinge sind die Blattlaus, Schildlaus, Wolllaus und weiße Fliegen. Diese zählen zu den saugenden Schädlingen. Dann gibt es zudem beißende Insekten wie beispielsweise Käfer oder einige Raupenarten und schließlich Milben oder Nematoden, die durch ihren Befall zu nicht weniger schlimmen Veränderungen an der Pflanze führen.

Ratsam ist es vor allem, die betroffene Pflanze von anderen umstehenden Pflanzen räumlich möglichst zu isolieren, um die Verbreitung auf weitere Pflanzen möglichst zu verlangsamen, wenn nicht sogar ganz zu verhindern. Untersuchen Sie im nächsten Zug direkte Nachbarn der Pflanze nach ähnlichen Symptomen. Auch wenn keine Tierchen sichtbar sind, die Pflanze aber schwach aussieht und ähnliche Symptome aufweist, wie die befallene, lohnt sich ein Einsatz von natürlichen Mitteln als Prophylaxe, um einer Ausbreitung entgegenzuwirken.

Natürliche und umweltverträgliche Schädlingsbekämpfungen sind beispielsweise Neem-Öl, Knoblauch-Brennnessel-Sud, Teebaumöl oder Gelbtafeln. Ihr Vorteil liegt ganz klar darin, dass der Pflanze kein Schaden zugefügt wird und in erster Linie nur die schädlichen Organismen abgetötet werden. Bei Neem-Öl hingegen kann eine Überdosierung jedoch genau dazu führen. Allerdings zählt es aufgrund seiner Beschaffenheit zu den natürlichen, nicht chemischen Bekämpfungsmitteln. Es kann entweder direkt auf die Pflanzen gespritzt oder über das Gießwasser hinzugegeben werden. Beachten Sie hierbei bitte in jedem Fall die Dosierungsanleitung auf der Verpackung und seien Sie achtsam bei der Entsorgung von Neem-Öl-Resten und deren Behältern, denn gelangen sie in natürliche Wasserorganismen, können diese schnell aus dem Gleichgewicht gebracht werden. Hierfür werden sogar hohe Geldstrafen verhängt.

Ein sogenannter Knoblauch-Brennnessel-Sud kann in der eigenen Küche selbst hergestellt werden und anschließend auf die Erde der befallenen Pflanzen gegeben werden. Der Einsatz von Gelbtafeln dient hauptsächlich dazu, bereits ausgewachsene Schädlinge einzufangen. Sie werden durch die Tafel angelockt und kleben schließlich daran fest, sodass sie sich im Idealfall nicht weiter vermehren können. Gelbtafeln und ähnliche Instrumente werden am besten unterstützend eingesetzt, da auf einer Pflanze meist verschiedene Generationen von Schädlingen zu finden sind, die sich in unterschiedlichen Entwicklungsstadien befinden.

Das bedeutet, tötet man einige Schädlinge durch das Anbringen von Gelbtafeln und das feuchte Abwischen der Blätter mit einem Tuch, können dennoch in der obersten Erdschicht oder der Wurzelgegend bereits Larven darauf warten, zu schlüpfen und wiederrum Eier zu legen. Deshalb sollten Sie zeitgleich mit beispielsweise Neem-Öl oder anderen Substanzen arbeiten. Um Pilzerkrankungen vorzubeugen, sollten Sie stets darauf achten, die Blätter und vor allem die Erde einiger Pflanzen nicht zu nass werden zu lassen und für eine gute Durchlüftung auf dem Balkon zu sorgen.

Zu Chemie sollten Sie wenn überhaupt nur im äußersten Notfall greifen, also nur dann, wenn natürliche Mittel nicht mehr helfen, denn damit schaden Sie im schlimmsten Fall nicht nur der Pflanze selbst, sondern auch dem Boden, in dem sie wächst, und machen das Substrat damit für Folgepflanzen untauglich.

Tipp: Um Schädlinge genau bestimmen zu können, finden Sie auf diversen Blogs von Pflanzenliebhabern im Internet Übersichten. Teilweise verfügen diese sogar über Bilder der Tierchen und der sichtbaren Symptome.

NACH DEM ANBAU: ERNTEN UND DEN BALKON WINTERFEST MACHEN

Sie haben es fast geschafft! Ihr selbst angelegter urbaner Gemüsegarten bringt Ihnen nun regelmäßig frisches Gemüse, Früchte und Kräuter ein, an denen Sie sich immer wieder erfreuen und diese seither vielseitig in Ihrer Küche einsetzen, wie wunderbar!

Wussten Sie, dass es einige Gemüsesorten gibt, die sogar im späten Herbst bis in den Winter hinein in Hochbeeten geerntet werden können? Dazu zählen beispielsweise Grünkohl, Feldsalat, Topinambur, Pastinaken oder Rosenkohl. Diese meisten Gemüsesorten lassen sich außerdem sehr lange lagern und sorgen somit auch in den Wintermonaten für eine Versorgung mit Gemüse aus eigenem Anbau.

Sind die letzten Pflanzen aus Ihrem Hochbeet oder anderen Pflanzgefäßen geerntet und das Jahr neigt sich allmählich dem Ende, so ist es an der Zeit, den Balkon winterfest zu machen. Decken Sie dazu alle mehrjährigen Pflanzen, die draußen überwintern können, gut ab, beispielsweise mit Vlies, und isolieren Sie die Gefäße von unten möglichst durch

Styropor oder einen anderen isolierenden Schutz vor kaltem Boden. Ihr Hochbeet kann ebenfalls mit Vlies abgedeckt werden, sofern sich darin noch mehrjährige Pflanzen befinden. Ansonsten ist kein besonderer Schutz, außer der vor nasser Witterung, notwendig.

Alles (k)eine Frage des Geldes?

Einige kostengünstige Alternativen, wie beispielsweise das eigene Anfertigen eines Hochbeets oder kreativer Pflanzgefäße, sowie die Verwertung alter Gebrauchsgegenstände, haben Sie ja bereits kennengelernt. Die These, dass sich ein urbaner Balkongarten auch ohne große Investitionen anlegen lässt, sieht sich vor allen in den zahlreichen Recyclingmöglichkeiten bestätigt. Zusätzlich existieren noch weitere Möglichkeiten, Kosten zu sparen und damit auch meist umweltfreundlicher zu agieren.

So ist es erwähnenswert, dass ein Balkongarten auf der einen Seite zwar viel Material, Equipment und sonstige Ausstattung benötigt, über die man gerade als Anfänger ohne Garten meist noch nicht verfügt. Es können also größere Ausgaben bevorstehen. Allerdings gibt es auch Tricks, um günstige Alternativen zu finden. Tun Sie sich zum Beispiel mit befreundeten Hobbygärtnern oder Nachbarn zusammen und teilen Utensilien wie Gartenwerkzeug, große Mengen Erde oder sogar Ableger einiger Pflanzen. So können Sie die Kosten für die Anschaffung von Arbeitsmaterialien um einiges verringern und trotzdem jederzeit auf die benötigten Utensilien zugreifen.

Des Weiteren gibt es die Möglichkeit, Pflanzen- und Gärtnerflohmärkte zu besuchen. Sie sind zwar nicht sehr häufig und nicht überall gängig, jedoch werden Sie bestimmt fündig, wenn Sie sich nur auf die Suche begeben. Neben Flohmärkten werden auch (online) Tauschbörsen für Gärtnereibedarf, Pflanzen und Zubehör immer häufiger. Meist wird ein Gegenstand zum Tausch gegen beispielsweise einen Sack Blumenerde oder einige Samen angeboten. Mit ein bisschen Glück werden Sie dort sogar auf einige Schätze stoßen. Fragen Sie bei Freunden und Bekannten, ob diese beispielsweise ungenutzte Erde oder angebrochene Düngemittelflaschen oder sonstige Gegenstände haben, die sie nicht mehr brauchen. Schauen Sie ruhig auch immer wieder einmal in Online-Anzeigen, denn häufig bieten andere Gartenfreunde ihre ausrangierten Töpfe oder sonstige nützliche Dinge sogar kostenlos an.

Abschließend lässt sich festhalten, dass es durchaus kostengünstige Alternativen für nahezu alles gibt, was Sie für den Start Ihres eigenen Balkongartens benötigen, weshalb ein geringes Budget Sie nicht davon abhalten sollte, Ihrem Wunsch nach dem Projekt Urban Garden nachzugehen.

Rückblick

Nun sind Sie am Ende des Buches angelangt. Sie haben allerlei Neues über die Bedeutung des Urban Gardening, einige nützliche Handgriffe und Pflanzenkunde im Allgemeinen gelernt. Sie haben einige Tipps mit auf den Weg bekommen und Ihr Wissen über einige Pflanzenarten vertieft.

Jetzt haben Sie das Werkzeug in die Hand gelegt bekommen, somit wartet Ihr Balkon nur noch auf Ihren Einsatz. Zögern Sie nicht lange und fangen Sie schon bald an, endlich Ihren Traum vom eigenen Balkongarten wahr werden zu lassen!

Herstellung und Verlag:
BoD – Books on Demand, Norderstedt
ISBN: 9783753401201

1. Auflage
Kontakt: Psiana eCom UG/ Berumer Str. 44/ 26844 Jemgum
Covergestaltung: Fenna Larsson
Coverfoto: depositphotos.com